曹薰铉、李昌镐精讲围棋系列

李昌镐围棋研究室 —— 编著

精讲围棋手筋 ❷

化学工业出版社
·北京·

图书在版编目（CIP）数据

精讲围棋手筋.2/李昌镐围棋研究室编著.—北京：化学工业出版社，2020.7
（曹薰铉、李昌镐精讲围棋系列）
ISBN 978-7-122-36799-0

Ⅰ.①精… Ⅱ.①李… Ⅲ.①围棋-对局（棋类运动）Ⅳ.①G891.3

中国版本图书馆CIP数据核字（2020）第079152号

责任编辑：史 懿　　　　　　　　　　装帧设计：刘丽华
责任校对：宋 玮

出版发行：化学工业出版社（北京市东城区青年湖南街13号　邮政编码100011）
印　　装：大厂聚鑫印刷有限责任公司
710mm×1000mm 1/16　印张12　字数180千字　2020年9月北京第1版第1次印刷

购书咨询：010-64518888　　　　　　　　　售后服务：010-64518899
网　　址：http：//www.cip.com.cn
凡购买本书，如有缺损质量问题，本社销售中心负责调换。

定　　价：49.80元　　　　　　　　　　　　版权所有　违者必究

手筋——围棋之花

很多围棋爱好者常有这样的感叹，自己的布局下得还不错，但中盘不知什么原因，下得一塌糊涂，对此感到十分茫然。《精讲围棋手筋》正可以解决广大爱好者的这一苦恼。

"手筋"是指在围棋的局部战斗中，可以最大限度地发挥棋子效率的技术，因而有"围棋之花"的美誉。如果不能正确掌握围棋手筋这一技术，根本无法与对方进行复杂的战斗。

布局暂告一段落后，双方即进入了中盘的战斗。进入中盘后，很多围棋爱好者都比较喜欢局部的拼杀，而职业棋手则有更强的全盘作战欲望。不夸张地说，对围棋手筋的掌握和利用，是取得中盘战斗胜利的秘诀。

《精讲围棋手筋》共六卷，其中前两卷针对初级水平的读者，后四卷适合中高级水平的读者。每卷收集了120余个问题，并配以详尽的解说。各位读者通过循序渐进的学习，不知不觉中可以发现自己的棋力已有了明显的进步。

李昌镐
2020年5月

围棋是中国的国粹，它能启发智力，开拓思维，是一项非常有益的修身养性的娱乐活动。成人通过学习围棋，可以培养自己良好的心境和大局观；儿童通过学习围棋，可以培养耐心，提高专注力，锻炼独立思考能力，挖掘思维潜能。学习围棋对课业学习也有十分明显的帮助。

　　那么如何学习围棋？如何学好围棋？什么样的围棋书才能更有针对性地提升棋艺水平？

　　韩国棋手曹薰铉、李昌镐不仅是韩国围棋的代表人物，在国际棋界也有举足轻重的地位。我们经与曹薰铉、李昌镐本人直接接洽，使得本系列书得以顺利出版。

　　本系列书包括定式、布局、棋形、中盘、对局、官子、死活、手筋共8个主题，集曹薰铉、李昌镐成长经验和众多棋手的智慧于一体，使用了韩国职业棋手的大量一手资料，其难度贯穿了围棋入门、提高、实战和入段等各个阶段，内容覆盖了实战围棋各个方面，是非常系统且透彻的围棋自学读物。

　　《精讲围棋手筋》详细讲解了手筋在吃子、对杀、攻击、防守、死活、官子等围棋各个阶段中的应用，例题丰富，循序渐进，以引导和启发为出发点，着重培养围棋爱好者的学习兴趣和思维方式，重视第一手感觉的培养，强调实战应用。

　　本书由陈启承担资料翻译、整理工作，由石心平、范孙操负责稿件审校，并得到曹薰铉、李昌镐围棋研究室众多成员的大力协助，在此对他们的辛勤劳动表示诚挚的感谢。

　　衷心希望广大围棋爱好者能通过学习本书迅速提高棋力，并由此享受围棋带来的快乐。

编著者
2020年3月

上篇　问题1～问题60

问题	页	问题	页
问题 1	1	问题 28	40
问题 2	1	问题 29	43
问题 3	4	问题 30	43
问题 4	4	问题 31	46
问题 5	7	问题 32	46
问题 6	7	问题 33	49
问题 7	10	问题 34	49
问题 8	10	问题 35	52
问题 9	13	问题 36	52
问题 10	13	问题 37	55
问题 11	16	问题 38	55
问题 12	16	问题 39	58
问题 13	19	问题 40	58
问题 14	19	问题 41	61
问题 15	22	问题 42	61
问题 16	22	问题 43	64
问题 17	25	问题 44	64
问题 18	25	问题 45	67
问题 19	28	问题 46	67
问题 20	28	问题 47	70
问题 21	31	问题 48	70
问题 22	31	问题 49	73
问题 23	34	问题 50	73
问题 24	34	问题 51	76
问题 25	37	问题 52	76
问题 26	37	问题 53	79
问题 27	40	问题 54	79
		问题 55	82
		问题 56	82

问题 57 85
问题 58 85
问题 59 88
问题 60 88

下篇　问题 61 ~ 问题 123

问题 61 91
问题 62 91
问题 63 94
问题 64 94
问题 65 97
问题 66 97
问题 67 100
问题 68 100
问题 69 103
问题 70 103
问题 71 106
问题 72 106
问题 73 109
问题 74 109
问题 75 112
问题 76 112
问题 77 115
问题 78 115
问题 79 118
问题 80 118
问题 81 121
问题 82 121
问题 83 124
问题 84 124
问题 85 127
问题 86 127
问题 87 130
问题 88 130

问题 89 133
问题 90 133
问题 91 136
问题 92 136
问题 93 139
问题 94 139
问题 95 142
问题 96 142
问题 97 145
问题 98 145
问题 99 148
问题 100 148
问题 101 151
问题 102 151
问题 103 154
问题 104 154
问题 105 157
问题 106 157
问题 107 160
问题 108 160
问题 109 163
问题 110 163
问题 111 166
问题 112 166
问题 113 169
问题 114 169
问题 115 172
问题 116 172
问题 117 175
问题 118 175
问题 119 178
问题 120 178
问题 121 181
问题 122 181
问题 123 184

上篇

问题1～问题60

问题 1 ▶

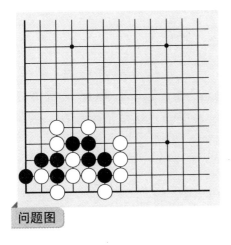

问题图

黑先。黑棋如何才能救活右侧五子是问题的焦点。那么请问黑棋应如何下？第一手棋应下在什么地方呢？

问题 2 ▶

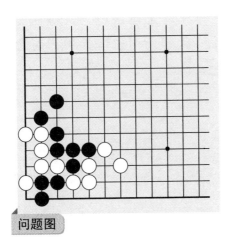

问题图

黑先。从表面看，黑棋慢一气，但通过仔细分析对方的棋形，黑棋完全可以扭转局面。那么请问黑棋应如何下？

问题1解说

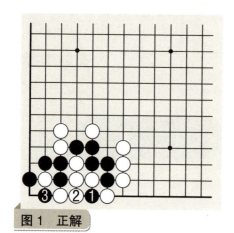

图1 正解

图1 正解

黑1扑是正解,这手棋使白棋棋形的致命弱点显露出来。白2如果提,黑3提子后,黑棋可以吃白棋接不归。

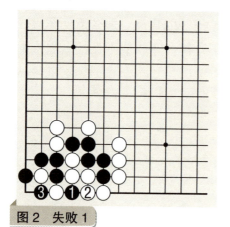

图2 失败1

图2 失败1

黑1扑是帮对方走棋,白2提子后,与右侧的白棋已经联络。其后黑3提子,丝毫于事无补。

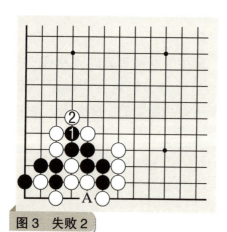

图3 失败2

图3 失败2

黑1冲是自杀行为,被白2打吃后,黑棋所有手段都消失得无影无踪。

问题2解说

图1　正解

黑1扑是基本手筋，白2提子后，黑3打吃即可。

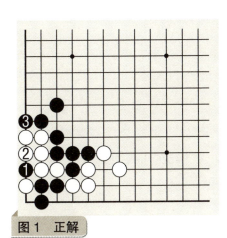

图1　正解

图2　变化

黑1时，白2如果在另一侧收气，则黑3打吃，白五子被吃倒包。

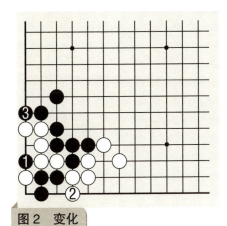

图2　变化

图3　失败

黑1收气，白2可以连接，结果白棋有眼杀无眼。

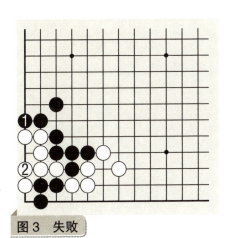

图3　失败

问题 3 ▸▸

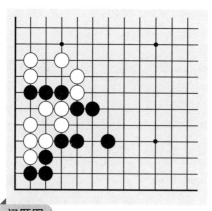

问题图

黑先。左边的黑三子已被白棋包围,黑棋如何救回三子?请问黑棋应如何下?

问题 4 ▸▸

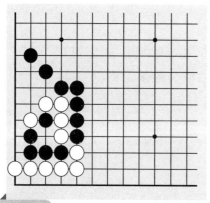

问题图

黑先。中间的黑一子已处于被吃的险境,那么请问黑棋如何下才能在对杀中取胜?

问题3解说

图1 正解

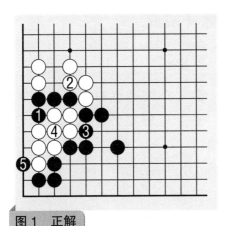
图1 正解

黑1卡是紧对方气和长自己气的急所，白2如果收气，黑3打吃后，黑棋快一气。

图2 失败

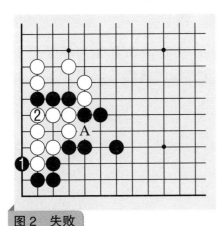
图2 失败

黑1单扳，白2占领急所后，黑棋作战不利。其中黑1如果下在A位，结果相同。

图3 参考

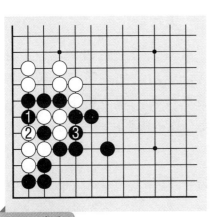
图3 参考

本图对问题图棋形略加修改。黑1占据急所，白2、黑3后，结果形成与正解相同的棋形。

问题 4 解说

图 1 正解

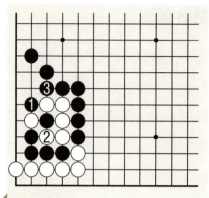

图 1 正解

黑 1 打吃是置白棋于死地的手筋，白 2 只好提子，黑 3 可以吃住白棋。

图 2 变化

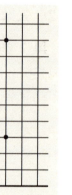

图 2 变化

黑 1 时，白 2 如果下立，黑 3 可以倒扑白棋四子。黑 3 下在 A 位也可。

图 3 失败

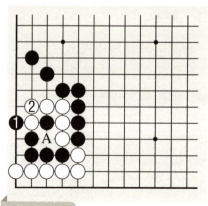

图 3 失败

黑 1 打吃方向错误，白 2 连接即可。但白 2 如果下在 A 位，黑棋下在 2 位后，双方将下成打劫，而这是白棋的失误。

问题 5

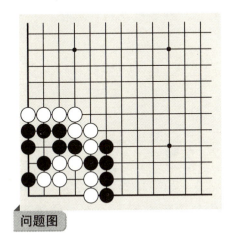

问题图

黑先。黑棋应如何下才能不给白棋机会？其中行棋次序非常关键，如果稍有疏忽，双方将有可能下成双活。

问题 6

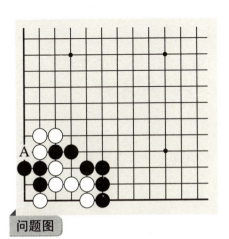

问题图

黑先。白下A位，黑三子就被吃住了，我们在问题2中已讲述过这样的棋形。那么请问黑棋应如何下？注意不要下成打劫。

问题 5 解说

图 1 正解

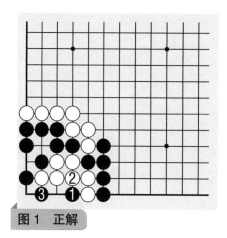

图 1 正解

黑 1 直接打吃是关键，白 2 如果接上，黑 3 打吃后，黑胜。

图 2 失败

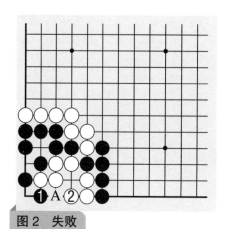

图 2 失败

黑 1 如果单扳，白 2 可以补棋，其后 A 位双方都不入气，结果下成双活。

图 3 变化

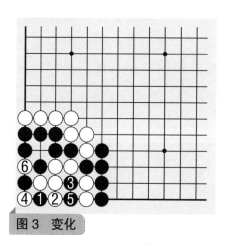

图 3 变化

黑 1 时，白 2 如果挡，以下至白 6，白棋自找麻烦。

问题 6 解说

图 1 正解

黑 1 扑是手筋，白棋已无抵抗手段。白 2 若提子，黑 3 打吃即可。

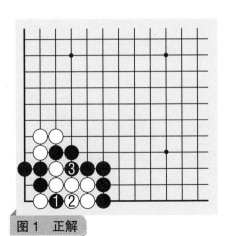

图 1 正解

图 2 失败 1

黑 1 收气错误，白 2 打吃，黑棋失败。

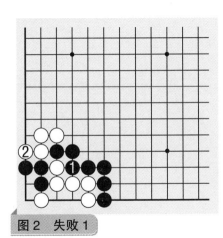

图 2 失败 1

图 3 失败 2

黑 1 直接抛劫，白 2 提子，以后白棋若无劫材还可在白 A 位接，这是黑棋最坏的结果。

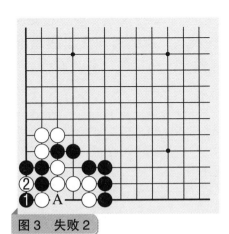

图 3 失败 2

问题7 ▶▶

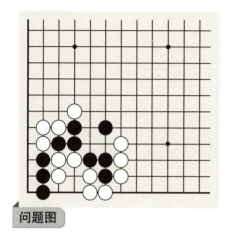

问题图

黑先。黑棋有没有救活角上三子的方法？请问黑棋的手筋是什么？

问题8 ▶▶

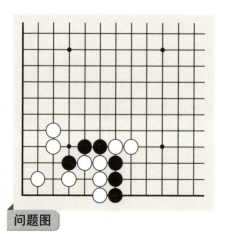

问题图

黑先。现在黑棋出现左右受攻的危机状态，那么请问黑棋摆脱难关的手筋是什么？

问题7解说

图1 正解

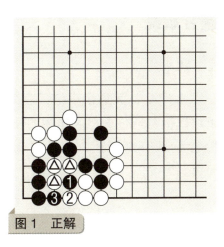

图1 正解

黑1扑是手筋,由此可以吃白棋接不归。白2提子,黑3打吃,白△三子被吃住。

图2 失败1

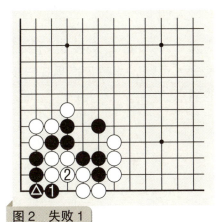

图2 失败1

黑1直接打吃,白2连接必然,由此可以和右边的棋联络。黑棋失败的原因是未能发挥黑△子的作用。

图3 失败2

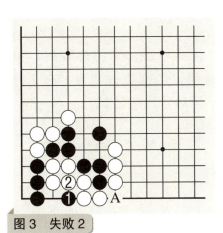

图3 失败2

黑1与白2或白A交换是极其错误的,说明对基本的吃子手筋尚未掌握。

问题 8 解说

图 1　正解

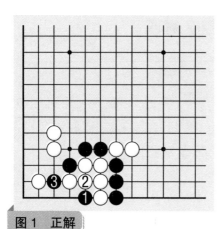

图 1　正解

黑 1 打吃，其后黑 3 继续打吃，黑棋可以简单吃住白棋。本图的棋形虽然看起来有点别扭，但计算却比较简单。

图 2　失败 1

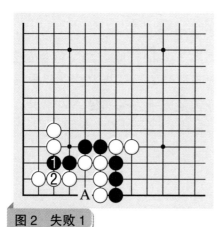

图 2　失败 1

黑 1 冲与白 2 连接进行交换，非常令人可惜，黑棋未能抓住白棋 A 位的弱点。

图 3　失败 2

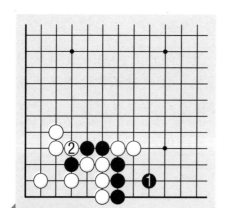

图 3　失败 2

黑 1 单跳，意图是补棋，但太过谨慎，未能把握机会。白 2 打吃黑一子后，白棋已安定。

问题9

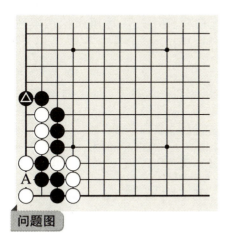

问题图

黑先。黑棋应不给白棋以在A位打吃的机会,那么请问黑棋应如何下?黑棋在下子时,应充分考虑到黑▲子的作用。

问题10

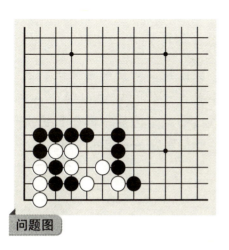

问题图

黑先。黑棋如何救回黑三子,其第一手棋非常重要。那么请问黑棋应如何下?

问题9 解说

图1 正解

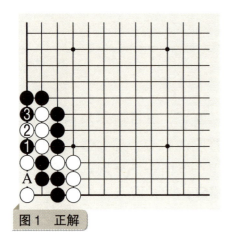
图1 正解

黑1扑，白2如果提，黑3可以吃白棋接不归。黑棋未给白棋在A位打吃的机会。

图2 失败

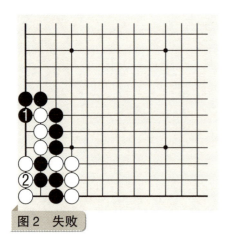
图2 失败

黑1如果收气，白2则可以立即打吃，黑棋明显失败。

图3 参考

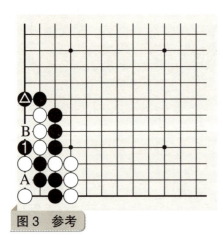
图3 参考

现在我们对正解重新确认一下。黑1扑，不仅可以让白棋在A位不入气，而且也迫使白棋在B位提子，这主要是黑△子所起的作用。

问题 10 解说

图 1　正解

黑1扑，白2提，黑3打吃是准备好的，白4时，黑5再打，黑棋快一气。

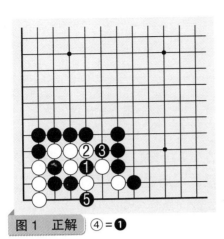

图1　正解　④=❶

图 2　失败 1

黑1打吃是典型的俗手，白2连接之后，黑棋无条件慢一气。其后黑3、白4，白棋可以有眼杀无眼。

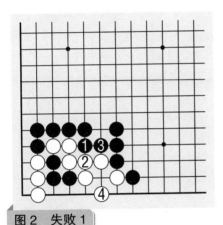

图2　失败1

图 3　失败 2

黑1打吃是没有看出A位手筋的下法，白2后，黑棋大损。

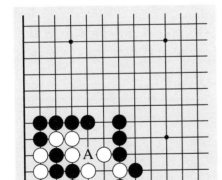

图3　失败2

问题 11 ▶▶

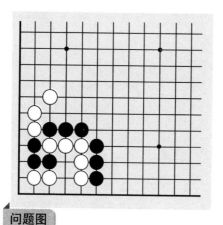

问题图

黑先。本题是如何有效地减少对方气的问题。黑棋如能发现这一手段，以后碰到类似问题就好下了。那么请问黑棋应如何下？

问题 12 ▶▶

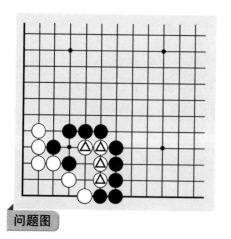

问题图

黑先。黑棋现在极想吃住右侧的白△四子。本题的棋形虽然有点复杂，但黑棋有好手段，那么请问黑棋应如何下？

问题 11 解说

图 1　正解

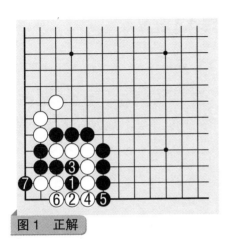

图 1　正解

黑 1 挖是手筋，白 2 只好于一路打吃，以下至黑 7，黑棋快一气。

图 2　变化

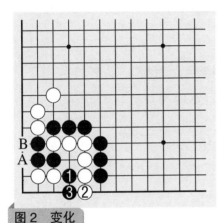

图 2　变化

黑 1 时，白 2 如果下立，黑 3 挡即可。其后白 A 时，黑棋可不在 B 位挡，而吃住右侧白六子，黑棋可以满足。

图 3　失败

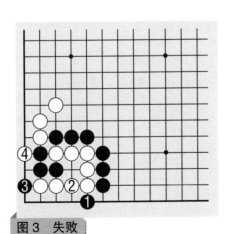

图 3　失败

黑 1 扳是帮白棋下棋，白 2 连接，黑棋已无法与白棋对攻。其后黑 3、白 4，黑棋明显失败。

问题 12 解说

图 1 正解

黑 1 扑是手筋，白 2 如果提子，黑 3、5 滚打可以成立，黑▲一子的作用引人注目。

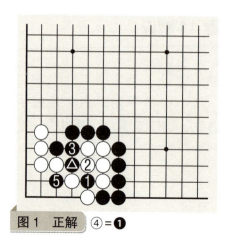

图 1 正解　④=❶

图 2 变化

黑 1 时，白 2 如果连接，黑 3 连接后，黑棋可以倒扑白四子。以后白棋还须补 A 位的断点。

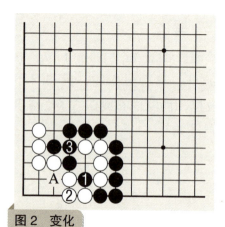

图 2 变化

图 3 失败

黑 1 如果连接，白 2 同样连接，白棋的断点被解消，黑棋失败。

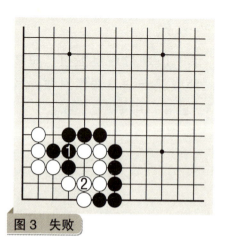

图 3 失败

问题 13

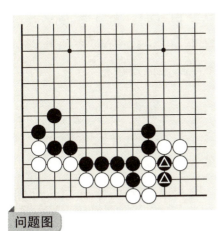

问题图

黑先。黑棋如何才能救活黑▲二子？黑棋如何攻击白棋的弱点是问题的关键，本题是在一路出现的基本手筋。

问题 14

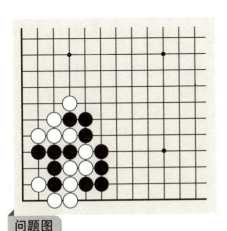

问题图

黑先。本题对攻的焦点在角上。从表面看黑棋似乎气不够，但黑棋却有扭转形势的手筋。那么请问黑棋应如何下？

问题 13 解说

图 1 正解

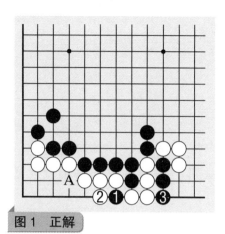

图 1 正解

黑 1 扑是利用白棋弱点的基本手筋，白 2 时，黑 3 可以吃白棋四子接不归，因为有 A 位的断点，白棋不能在 1 位连接。

图 2 失败 1

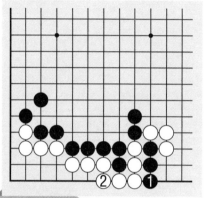

图 2 失败 1

黑 1 单打是俗手，白 2 连接之后，黑 1 没有任何价值。与正解相比，其结果简直是天壤之别。

图 3 失败 2

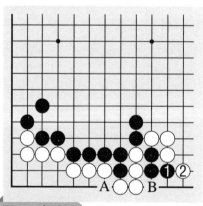

图 3 失败 2

黑 1 拐头是低级错误，白 2 应后，黑棋即使在 A 位扑，B 位已不入气了。

问题 14 解说

图 1 正解

本题是角上出现的手筋。黑1扑是急所，与白2交换后，黑3、5再连打，黑棋快一气。

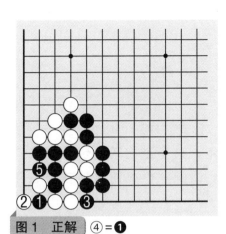

图 1 正解 ④=❶

图 2 失败 1

黑1直接打吃，被白2接后，黑棋再下A位已来不及，黑棋明显失败。

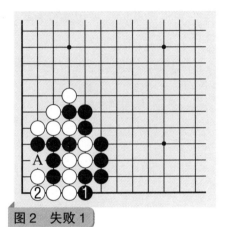

图 2 失败 1

图 3 失败 2

黑1下立，被白2尖顶后，白棋有眼杀黑棋无眼，黑再A位扑已毫无作用。

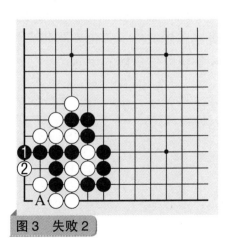

图 3 失败 2

问题 15

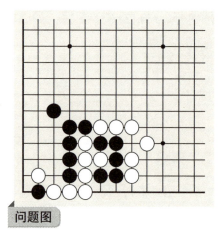

问题图

黑先。本题可以说是前一问题的应用，只不过棋子的位置交换了一下。请问黑棋如何才能救出右侧的五子？

问题 16

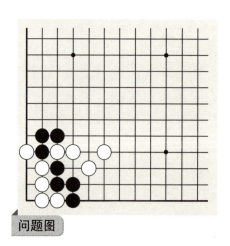

问题图

黑先。之前我们讲过扑的手筋，但在本题中发生了变化。那么请问本图中黑棋吃住白棋的手筋是什么？

问题 15 解说

图 1 正解

黑棋只有三口气，如果不连打白棋就会来不及。黑1打吃是手筋，白2以下至黑5，黑棋可以吃住白棋。

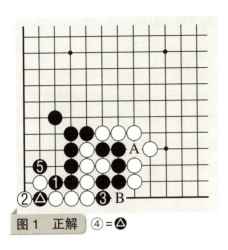

图 1 正解　④=▲

图 2 失败 1

黑1打吃，白2连接后，黑棋是两口气，而白棋有三口气，黑棋失败。

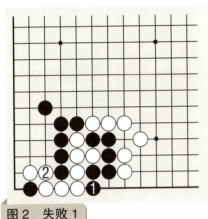

图 2 失败 1

图 3 失败 2

黑1夹貌似手筋，被白2渡过，黑3、白4后，黑棋已无法在A位入气。

图 3 失败 2

问题16 解说

图1 正解

由于有白△子的存在,黑1点或许容易被疏忽。白2时,黑3扑是准备好的后续手段,白4提子,后续变化见图2。

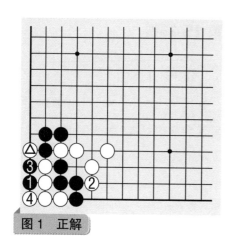

图1 正解

图2 正解继续

黑1倒扑,即白棋下在A位提去黑1这一子时,黑棋可以再下在1位提去全部白子。

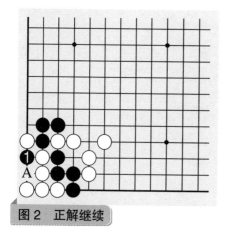

图2 正解继续

图3 失败

黑1扑是恶手,白2提子,黑3、5后,双方下成打劫。

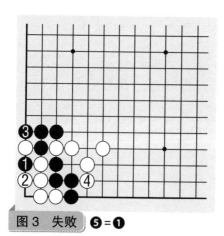

图3 失败 ❺=❶

问题 17

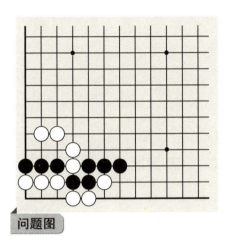

问题图

黑先。本题的棋形虽比前一问题复杂,但要领却相同。那么请问黑棋应如何才能救活三子?

问题 18

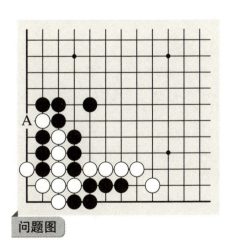

问题图

黑先。下方黑棋只有三口气,因此黑棋要想对杀胜,必须在三气以内做文章。那么请问黑棋应如何下?黑棋在A位提子之前,必须做一些准备工作。

问题 17 解说

图 1 正解

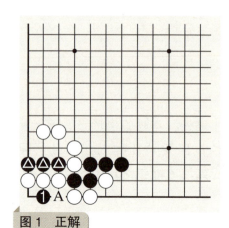

图1 正解

黑1点是手筋,黑1与黑△三子直接相关,其后黑棋可在A位倒扑。

图 2 正解继续

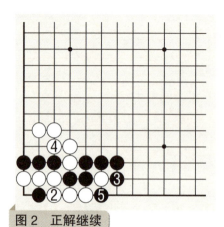

图2 正解继续

白2连接,黑3、5进行之后,黑棋快一气。

图 3 失败

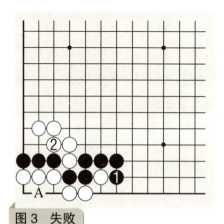

图3 失败

黑1单打,白2紧气,黑棋慢一气。因此黑1棋必须先下在A位。

问题 18 解说

图 1　正解

黑 1 先在角上点是妙棋。黑棋现在虽然不能下在 A 位，但可以瞄着 B 位。

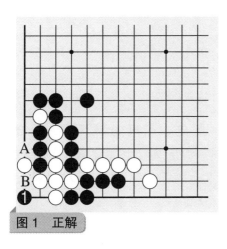
图 1　正解

图 2　正解继续

白 1 连接，黑 2、4 之后，黑棋快一气。

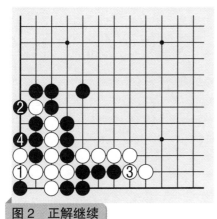
图 2　正解继续

图 3　变化

黑 1 点时，白 2 如果紧外气，黑 3 倒扑可以吃住白七子。其后白 A 时，黑棋可以再次下在 3 位。

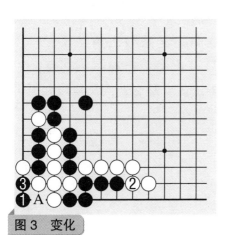
图 3　变化

问题 19

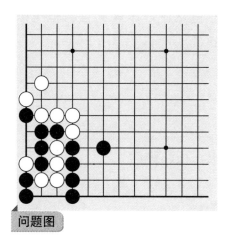

问题图

黑先。黑棋如果下错,双方很可能下成打劫。因此黑棋必须抓住稍纵即逝的机会。那么请问黑棋应如何下?

问题 20

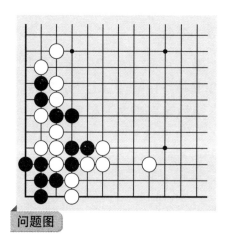

问题图

黑先。黑棋如果单单紧白棋的气,肯定无法救出角上黑五子。黑棋只有正确攻击白棋的弱点,才能死里逃生。那么请问黑棋应如何下?

问题 19 解说

图 1　正解

黑 1 打吃是急所，白 2 被迫提子。

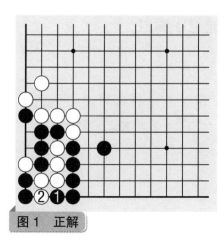

图 1　正解

图 2　正解继续

黑 1 倒扑是手筋。黑棋的这一下法与黑▲和白△的交换没有关系。

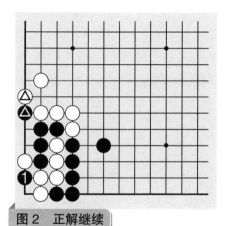

图 2　正解继续

图 3　失败

黑 1 直接提白一子大误，白 2 后，双方下成打劫。

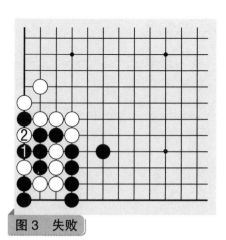

图 3　失败

问题 20 解说

图 1 正解

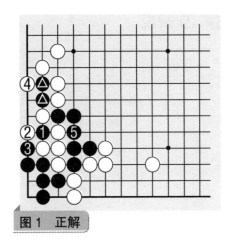

图 1 正解

黑 1 扑是正确下法，由于黑棋充分考虑到了黑⨀二子的作用，以下进行至黑 5，黑棋可以吃白棋接不归。

图 2 失败 1

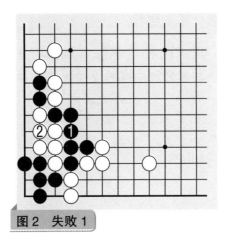

图 2 失败 1

黑 1 紧气，白 2 连接后，黑棋比白棋慢一气。

图 3 失败 2

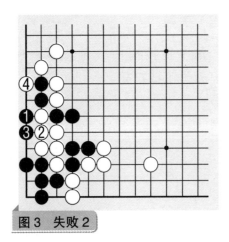

图 3 失败 2

黑 1 直接打吃，白 2 连接后，反而补掉了弱点。至白 4，白棋可以吃住黑二子，角上黑棋也无法活。

问题 21

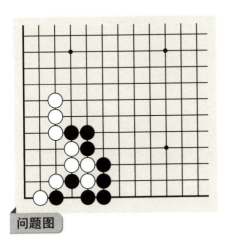

问题图

黑先。角上白棋气很紧，黑棋有好手段。如果仅仅接上被白棋打吃的黑二子，只不过是小官子问题。那么请问黑棋如何才能取得更大的收获？

问题 22

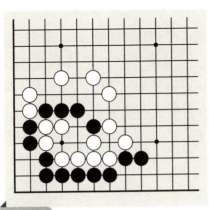

问题图

黑先。本问题是如何救出上面的黑棋四子。本题棋形与以前出现的棋形相似，如果大家有些经验，即可以轻松解答问题。请问黑棋应如何下？

问题 21 解说

图 1 正解

黑 1 断打极其严厉，白 2 如果提子，黑 3 则再断打。

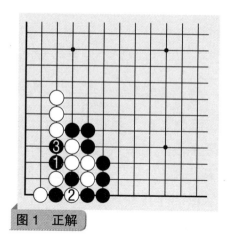

图 1 正解

图 2 正解继续

白 1 连接，黑 2 再次打吃，白被吃。

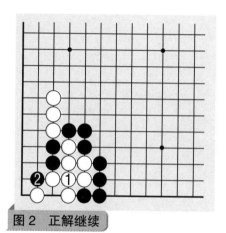

图 2 正解继续

图 3 变化

所以黑 1 时，白 2 只能连接，黑 3 可以吃住白棋二子，从而黑棋可以得到很大的角。

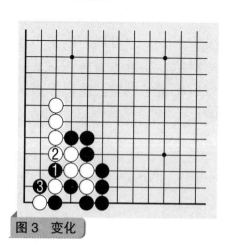

图 3 变化

问题 22 解说

图 1 正解

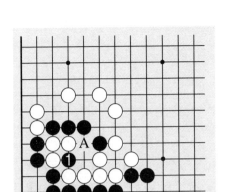

图 1 正解

黑 1 扑是诱使白棋接不归的手筋。黑 1 之后，不仅使白棋不能下在 A 位，而且还为以后的吃接不归做好了准备。

图 2 正解继续

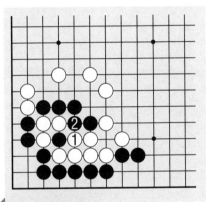

图 2 正解继续

白 1 提黑一子，黑 2 则打吃，白棋接不归。

图 3 失败

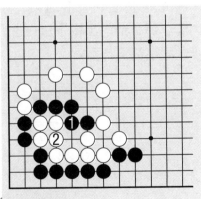

图 3 失败

黑 1 打吃，白 2 连接，随之黑棋的手段消失殆尽，而且黑数子也将被白棋生擒。

问题 23

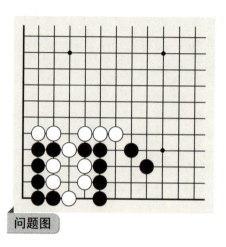

问题图

黑先。角上黑棋本身不活，要想活，只有从白棋身上想办法。那么请问黑棋应如何下？黑棋如果让白棋下成打劫，就是失败。

问题 24

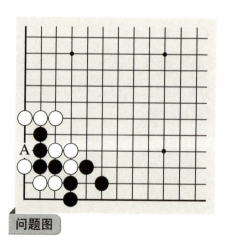

问题图

黑先。本题中黑棋的第一手棋是关键。那么请问黑棋不让白棋在A位渡过的手筋是什么？

问题 23 解说

图 1　正解

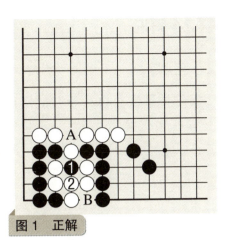

图 1　正解

黑 1 扑是攻击的手筋，白 2 只好提子，其后黑 B 可以吃白接不归。其中白 2 如果下在 A 位，黑棋下在 B 位或 2 位都行。

图 2　正解继续

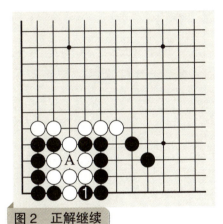

图 2　正解继续

黑 1 打吃，白棋已无法在 A 位连接，白棋六子被黑棋吃住。

图 3　失败

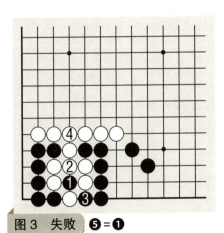

图 3　失败　❺=❶

黑 1 扑错误，白 2 提子后，黑 3 时，白 4 连接，黑 5 提子，其后角上黑棋能否活棋将取决于打劫的结果。

问题 24 解说

图 1 正解

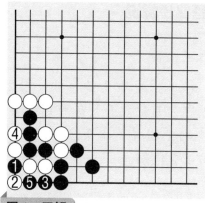

图 1 正解

黑 1 扑是使白棋接不归的手筋，黑 1 与白 2 交换后，黑 3、5 紧气，黑棋可以吃住白三子。

图 2 变化

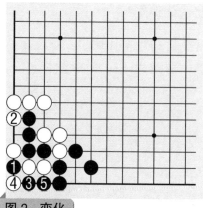

图 2 变化

黑 1 时，白 2 紧气的结果又会如何？黑 3、5 打吃后，与正解大同小异。

图 3 失败

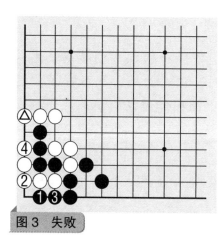

图 3 失败

黑 1 夹是错误的。白 2 连接，以下黑 3、白 4，黑棋慢一步。这是因为白△子起了作用。

问题 25

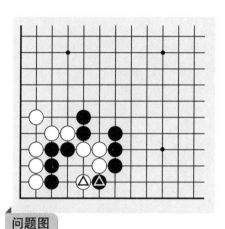

问题图

黑先。黑▲与白△交换时，就为黑棋下一手的正确答案做好了准备。那么请问黑棋的手筋是什么？

问题 26

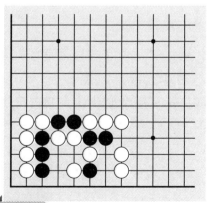

问题图

黑先。本题与前一问题是同一要领。黑棋如能吃住白的棋筋，分散的黑棋将连成一体。那么请问黑棋的手筋是什么？

问题25 解说

图1 正解

黑棋应充分考虑如何发挥黑△四子的作用。黑1扑诱使白棋自撞一气，黑1与白2交换后，黑3、5可以将白棋吃住。

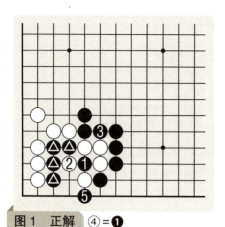

图1 正解　④=❶

图2 失败

黑1连接是未能发现手筋的下法，被白2进攻后，黑左边四子难免一死。

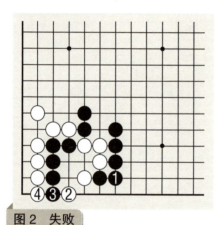

图2 失败

图3 参考

黑1时，白2连接很危险，黑3尖与白4交换后，黑5扳，双方将下成打劫。后续变化请大家自行确认一下。

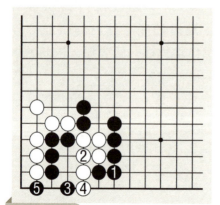

图3 参考

问题 26 解说

图 1 正解

本题的棋形虽然看起来复杂，但黑棋只要能吃住白△二子即可彻底解决问题。黑 1 扑是手筋，至黑 3，黑棋成功。

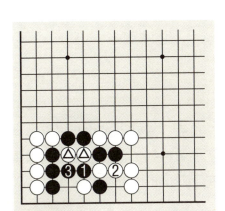

图 1 正解

图 2 正解继续

黑 1 扑时，白 2 提子，黑 3、5 连打，白棋筋被吃。由此可以发现，黑▲扑正是将白棋逼入绝境的手筋。

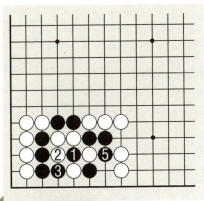

图 2 正解继续 ③=▲

图 3 失败

黑 1、3 相继连接，但白 4 后可以吃住黑棋，这是黑棋失败的典型下法。

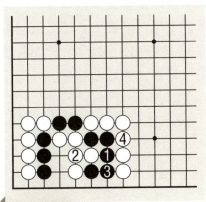

图 3 失败

问题 27 ▶▶

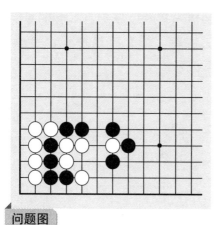

问题图

黑先。本题中黑棋如何利用右侧黑子的弹性是关键。那么请问黑棋解救左下四子的手筋是什么？

问题 28 ▶▶

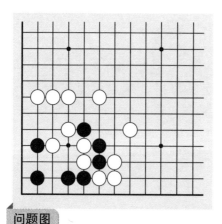

问题图

黑先。黑棋在解答本题时应充分发挥周边棋子的威力。那么请问黑棋的手筋是什么？提示一下，黑棋征吃白棋是最终的攻击结果。

问题 27 解说

图 1 正解

黑 1 扑是诱使白棋自撞气的急所，也是黑棋解决问题的手筋。白 2 提子后，右侧黑▲子即可以发挥援军的作用。

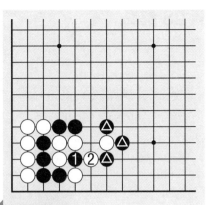

图 1 正解

图 2 正解继续

黑 1、3 可以连打，白棋被吃。

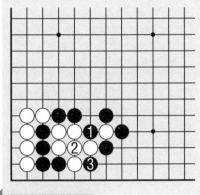

图 2 正解继续

图 3 失败

黑 1 如果急于提白一子，被白 2 连接后，黑棋短一气。

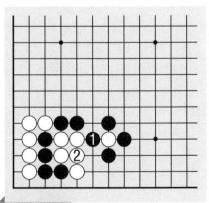

图 3 失败

问题 28 解说

图 1 正解

白△二子是黑棋的攻击目标，黑1扑正确，白2时，黑3打吃，白棋无暇下A位。

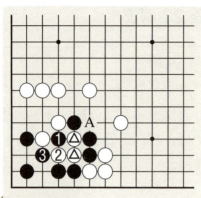

图 1 正解

图 2 正解继续

白1如果连接，黑2以下至黑6的征子可以成立。

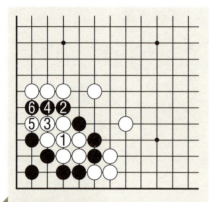

图 2 正解继续

图 3 变化

黑1时，白2如果长，黑3提子，白棋也不行。以后白4时，黑5、7补棋，黑棋没有任何风险。

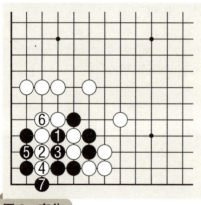

图 3 变化

问题 29

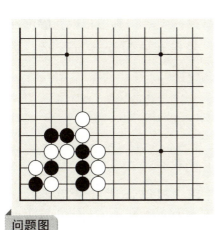

问题图

黑先。黑棋如能吃住处于要害之处的白子，比单纯活角更重要。那么请问黑棋解决问题的手筋是什么？

问题 30

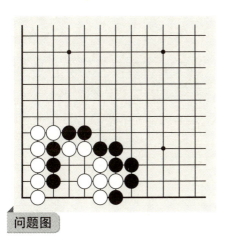

问题图

黑先。黑棋如能救活白棋包围的三子，就已经取得了充分的战果，这一点是关键。如果想吃住全部白子，黑棋反而会惨遭不幸。那么请问黑棋的手筋是什么？

问题 29 解说

图 1 正解

黑 1 断打是手筋，白 2 时，黑 3 可以抢占要点，其后白棋在 ▲ 位连接时，黑棋在 A 位或 B 位打吃，均可吃住白棋。

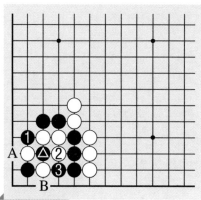

图 1 正解

图 2 失败 1

黑 1 打吃，让白 2 连接后，问题将变得复杂起来。下至白 6，黑棋须在 A 位补一手棋，即使这样以后还要防白棋在 B 位扑劫。

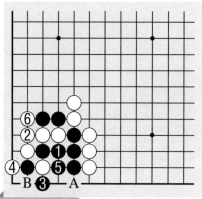

图 2 失败 1

图 3 失败 2

黑 1 从下方打吃错误，白 2、4 后，黑 ▲ 三子已处在被打吃状态。

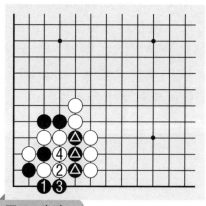

图 3 失败 2

问题 30 解说

图 1 正解

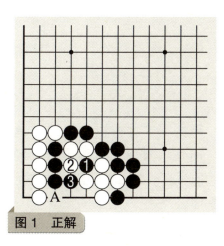
图1 正解

黑1扑是手筋,白2如果提子,黑3打吃后,白棋无法接回三子。如果是实战,白2会下在3位,黑棋如在2位提,白在A位渡。

图 2 失败 1

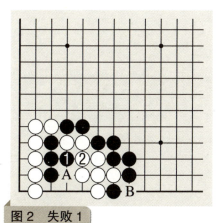
图2 失败1

黑1打吃与白2交换是典型的俗手,黑棋等于自取灭亡。白2后,即使黑A与白B交换,黑棋也短一气。

图 3 失败 2

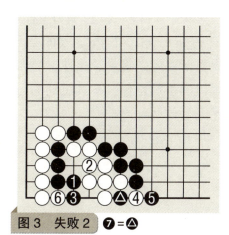
图3 失败2 ❼=△

黑1顶失误,以下至黑7,双方下成打劫,即使黑棋劫胜也只能下成双活。

问题 31 ▶▶

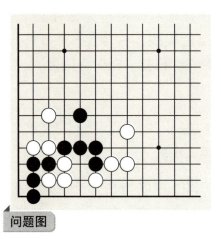

问题图

黑先。下方白棋在联络上有缺陷,而黑棋只有通过攻击白棋的缺陷才能生还。那么请问黑棋攻击的手筋是什么?

问题 32 ▶▶

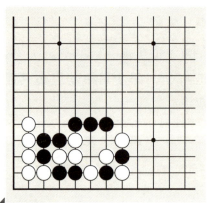

问题图

黑先。白棋的棋形有缺陷,黑棋应有所行动,下边零散的黑子,为黑棋解决问题提供了条件。那么请问黑棋的手筋是什么?其正确的行棋次序又是什么?

问题 31 解说

图 1　正解

如果是对棋形比较熟悉的人，一眼就可以发现黑 1 挖是手筋。这样下才能充分发挥黑▲子的作用。

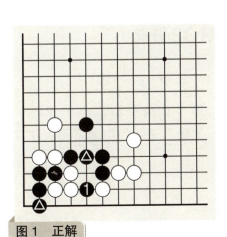

图 1　正解

图 2　正解继续

白 1 打吃时，黑 2、4 可以滚打，白棋由于存在 A 位的断点，而无法连接四子。

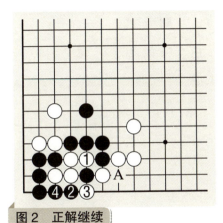

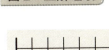

图 2　正解继续

图 3　变化

黑 1 挖时，白 2 如果在一路打，黑 3 可以扑，其后黑棋占 A 位或 B 位一点即成功。

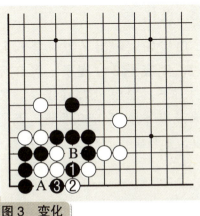

图 3　变化

问题 32 解说

图 1 正解

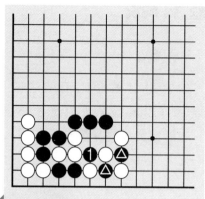

图 1 正解

黑 1 扑是手筋，也是本题的正解。黑▲二子的作用非常引人注目。

图 2 正解继续

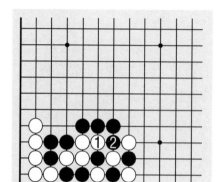

图 2 正解继续

白 1 只好提子，黑 2 打吃，白四子接不归。

图 3 变化

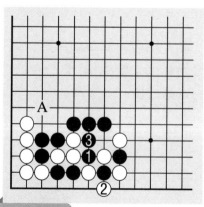

图 3 变化

白棋如果看出了黑 1 扑的后续手段，则应于 2 位提子，黑 3 可以提白三子，黑棋也大有成果。黑棋如果没有发现黑 1 的手筋，而于 A 位跳，则与黑 1 扑相比差距极大。

问题 33 ▶▶

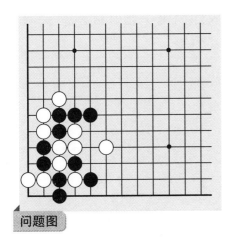

问题图

黑先。黑棋已处于非常危险的地步,如果要摆脱危险,则应吃住处于要害之处的白四子。那么请问黑棋的手筋是什么?

问题 34 ▶▶

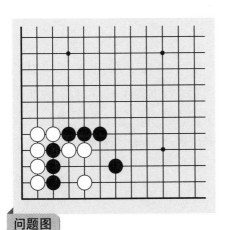

问题图

黑先。本题是上面曾出现过的棋形的变形,黑棋如何救活被白棋包围的三子是问题的关键。那么请问黑棋的手筋是什么?

问题 33 解说

图 1 　正解

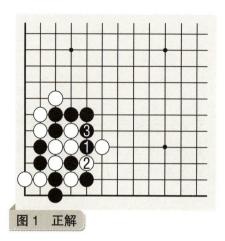

图 1　正解

黑 1 打吃是手筋，也是黑棋解决问题的第一步。白 2 提子，黑 3 可以再次打吃。

图 2 　正解继续

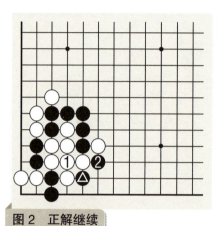

图 2　正解继续

白 1 如果连接，黑 2 则可断吃，黑▲子发挥了独特的作用。

图 3 　失败

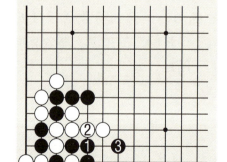

图 3　失败

黑 1 连接是保守下法，白 2 同样连接后，黑棋失败。黑棋如果下不出正解中黑 1、3 的下法，则说明对滚打的手筋还未掌握。

问题 34 解说

图 1 正解

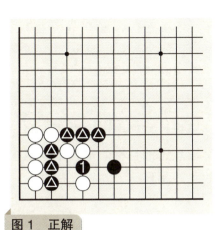

图 1 正解

黑 1 挖是手筋，此手段由上方的黑▲子和左侧的黑▲子配合产生。

图 2 正解继续

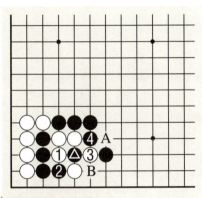

图 2 正解继续

黑▲时，白 1 如果试图出逃，黑 2、4 可以滚打。其中白 3 如果下在 4 位，黑棋下在 A 位，白棋下在 3 位，黑 B 同样可以吃住白棋。

图 3 失败

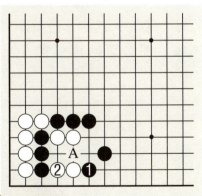

图 3 失败

黑 1 与白 2 进行交换，或者是黑棋下在 2 位与白 A 交换，都是黑棋的失败下法。

问题 35

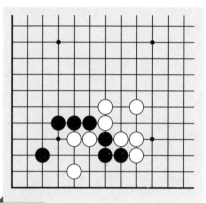

问题图

黑先。本题中下方白子无疑已成为黑棋攻击的目标。那么请问黑棋攻击的手筋是什么?

问题 36

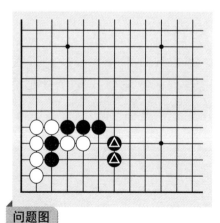

问题图

黑先。右侧的黑▲二子如何给左侧的黑二子注入活力,是解决本题的关键。那么请问黑棋的手筋是什么?

问题 35 解说

图 1　正解

黑 1 挖是攻击白棋的手筋，白 2 时，黑 3 可以滚打。

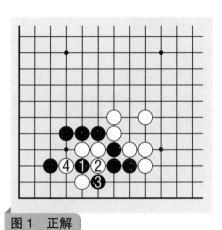

图 1　正解

图 2　正解继续

黑 1 继续打吃，白 2 连接时，黑 3 打吃，黑棋成功。

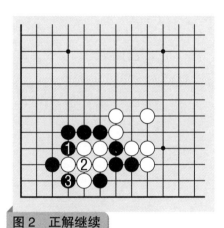

图 2　正解继续

图 3　失败

黑 1 尖顶，以下至黑 5 的进行属于黑棋判断错误。白 6 点后，黑棋的气不够。

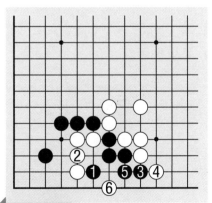

图 3　失败

问题 36 解说

图 1 正解

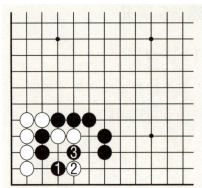

图 1 正解

黑1尖是正确的下法，白2如果跳下，黑3挖则是手筋，白二子无法逃脱。

图 2 变化

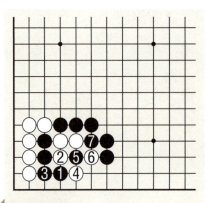

图 2 变化

黑1时，白如果2、4应，黑5、7可以扑吃。

图 3 失败

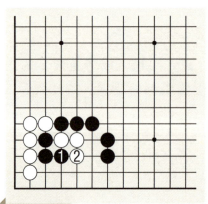

图 3 失败

黑1拐是典型的俗手，白2挡后，黑棋失败。

问题 37 ▶▶

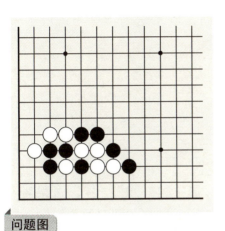

问题图

黑先。黑棋如果急于提子，则是缺乏远见的下法。那么请问黑棋解决根本危机的手段是什么？

问题 38 ▶▶

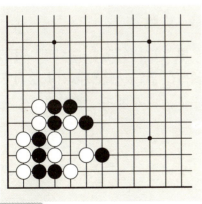

问题图

黑先。如何救出左下四子是黑棋面临的问题。黑棋解决问题的头绪只有从右侧白棋的棋形中寻找。那么请问黑棋应如何下？

问题 37 解说

图 1 正解

黑 1 稳健地打吃是瞄着滚打的手筋，以下进行至黑 5，白子无法逃脱。

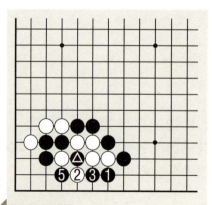

图 1 正解　④ = △

图 2 变化

黑 1 打吃时，白 2 如果冲下，黑 3 立即打吃，即可解决问题。

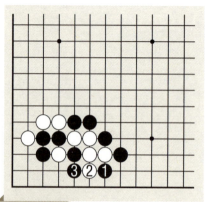

图 2 变化

图 3 失败

黑 1 这样打吃，白棋可以不在 A 位提子，而于 2 位冲，其后黑 3 必须提子，白 4 断打，黑棋失败。

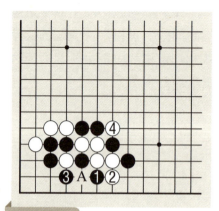

图 3 失败

问题38 解说

图1 正解

黑1扑而不提白△子，白2时，黑3打吃即可解决问题。

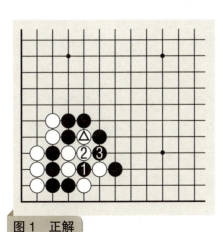

图1 正解

图2 正解继续

白1连接，黑2打吃是最后一击。从原问题图的棋形中我们可以发现，本图中的黑△子作用甚大。

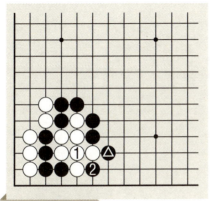

图2 正解继续

图3 失败

黑1提子，让白2连接之后，角上黑四子只有两口气，而白棋却有三口气，黑棋失败。

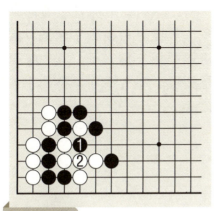

图3 失败

问题 39

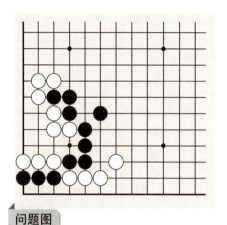

问题图

黑先。本题中的白棋形存在致命的缺陷。那么请问黑棋如何下才能救回黑三子？其手筋是什么？

问题 40

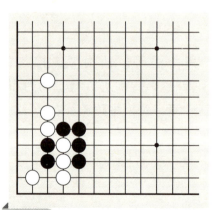

问题图

黑先。本题中的白棋看起来气很多，黑棋对白棋束手无策，但黑棋可以利用左侧二子，其中第三手棋是关键。那么请问黑棋的手筋是什么？

问题 39 解说

图 1 　正解

黑 1 挖是攻击白棋形弱点的手筋，其后白 2 时，黑 3 断是与黑 1 相关连的后续手段。

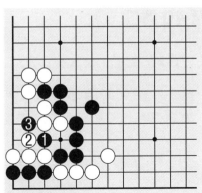

图 1　正解

图 2 　正解继续

白 1 提子，黑 2 打吃可以成立。其中白 1 如果下在 2 位，黑棋在 A 位提子即可。

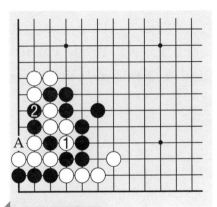

图 2　正解继续

图 3 　失败

黑 1 靠虽看似手筋，但白 2、黑 3 时，白 4 扳，黑棋短一气。

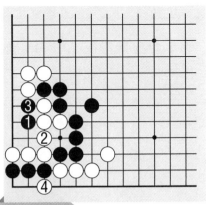

图 3　失败

问题 40 解说

图 1 正解

黑1冲应优先考虑，白2渡过时，黑3打吃，其后黑5扑是关键。

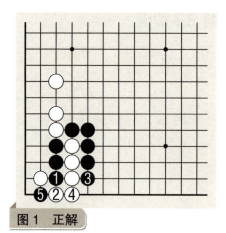

图1 正解

图 2 正解继续

白6提子，以下进行至黑9，黑棋可以成功扑吃，其中黑△扑是关键。

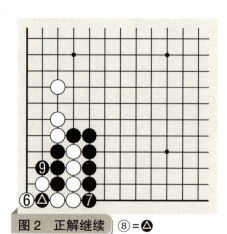

图2 正解继续　⑧=△

图 3 失败

黑1如直接打吃，被白2连接后，黑棋明显短一气。

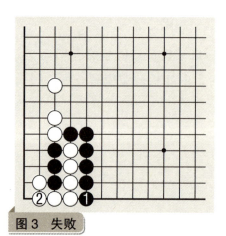

图3 失败

问题 41

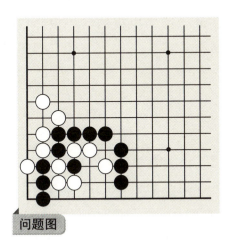

问题图

黑先。角上黑三子想要活棋,黑棋就必须要攻击白棋的薄弱之处。那么请问黑棋攻击白棋的手筋是什么?

问题 42

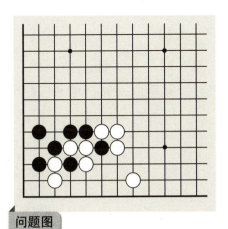

问题图

黑先。本题要求黑棋在白阵中谋求手段,以考察大家对手筋的运用能力。那么请问黑棋的手筋是什么?其中第一手棋是关键。

问题 41 解说

图 1 正解

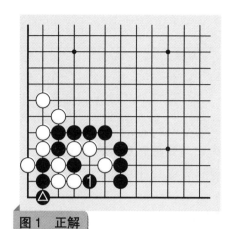

图1 正解

黑1扳是与下立的黑▲子相关连的手筋。因为黑棋的这手棋，白棋形崩溃。

图 2 正解继续

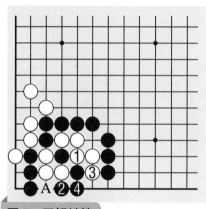

图2 正解继续

黑棋扳时，白1如果提子，黑2、4进行后，黑棋快一气。其中黑2如果下在3位，白棋下在A位后，白棋可以吃住角上黑三子。

图 3 变化

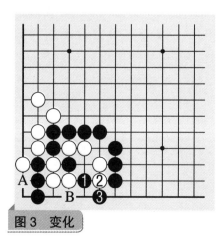

图3 变化

黑1时，白2如果冲，黑3可以渡过。其后白A时，黑B应即可。

问题 42 解说

图 1 正解

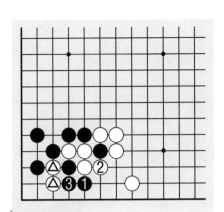

黑 1 扳是手筋，白 2 提子，黑 3 连接，白△二子被吃。

图 1 正解

图 2 变化

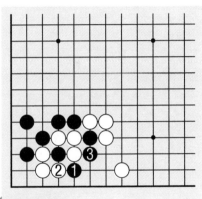

黑 1 扳时，白 2 如果提子，黑 3 打吃即可，白棋损失更大。

图 2 变化

图 3 失败

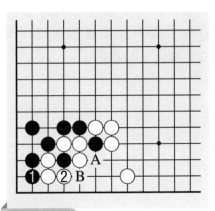

黑 1 挡，白 2 提，黑棋在此处已没有任何手段。如黑 1 下在 A 位，白可下在 2 位，黑棋也失败。

图 3 失败

问题 43

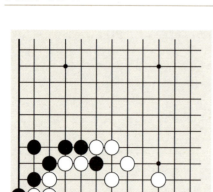

问题图

黑先。白棋的棋形有缺陷,处于白棋包围中的黑一子仍有利用的价值。本题对黑棋的要求并非只是一个手筋,而是一连串的手筋。那么请问黑棋应如何下?

问题 44

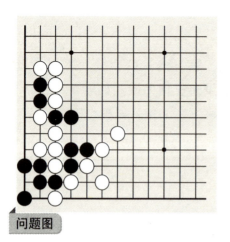

问题图

黑先。角上黑棋本身不活,要想活棋,只有寻求其他手段。那么请问黑棋的手筋是什么?

问题 43 解说

图 1 正解

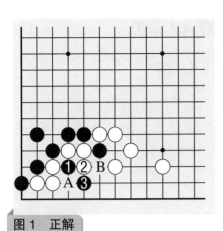

图 1 正解

黑1断，其后黑3扳是极其漂亮的下法。以后黑棋 A、B 中必居其一，黑棋至少可以吃住角上白三子。

图 2 正解继续

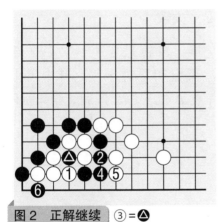

图 2 正解继续 ③=▲

白1如果提子，黑2、4打接后，白棋三口气对黑棋四口气，白棋全军覆没。

图 3 失败

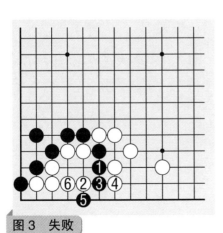

图 3 失败

黑1直接动出，白2补棋是急所，以下进行至白6，黑短一气。

问题44解说

图1 正解

黑1扑是解决问题的第一步,白2如果提,黑3挤是急所,白△四子已救不回。

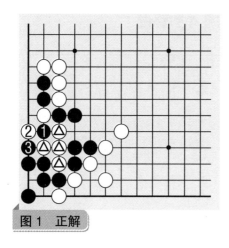

图1 正解

图2 失败1

黑1单接是俗手,被白2连接后,黑棋明显短一气。其中黑1如果下在A位,白2应后,结果相同。

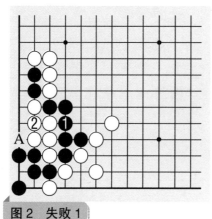

图2 失败1

图3 失败2

黑1、3是大恶手,至白4,黑二子被吃,黑棋大损。

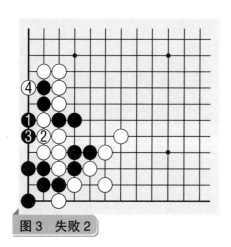

图3 失败2

问题 45

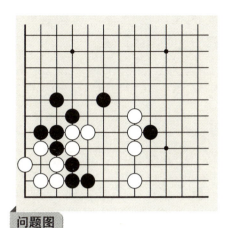

问题图

黑先。本题的困难在于行棋次序有点复杂。但只要发现第一手棋，其后的进行将较顺利。那么请问黑棋应如何下？其手筋是什么？

问题 46

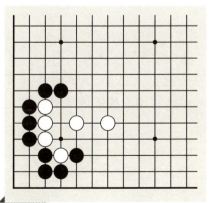

问题图

黑先。本题是一类典型的棋形。黑棋要想吃住靠在黑壁上的白三子，应从何处着手？请问黑棋的手筋是什么？

问题 45 解说

图 1 正解

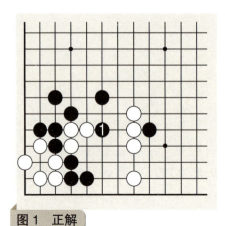

图1 正解

黑1是手筋,这是靠感觉就应下出的棋。由于有了黑棋这一手,白三子犹如网中之鱼。

图 2 正解继续

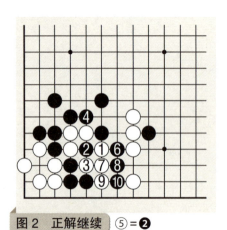

图2 正解继续 ⑤=❷

白1扳,黑2扑,以下进行至黑10,黑棋可以征吃白棋。

图 3 失败

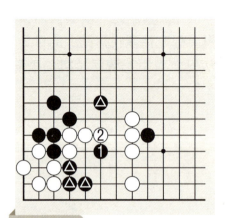

图3 失败

黑1飞,与白2交换后,黑棋大势去矣。可见,在2位靠才是最大限度地利用黑▲子的下法。

问题 46 解说

图 1 正解

黑1挖是手筋，也是本题的正解。由于有了这手棋，白⊛数子已无法逃脱。类似这一棋形的下法，大家一定要记住。

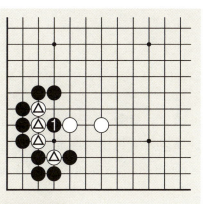

图 1 正解

图 2 正解继续

黑棋挖时，白1如果试图逃跑，黑2、4滚打可以成立。

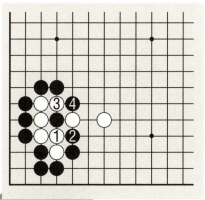

图 2 正解继续

图 3 变化

白1行动，黑2、4应，结果相同。由此可见，黑▲是左右同形走中央的急所。

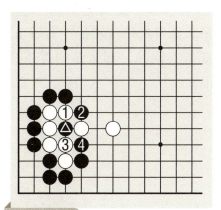

图 3 变化

问题 47

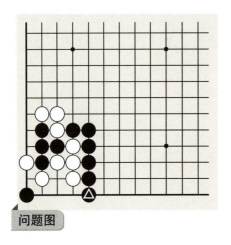

问题图

黑先。黑△一子是解决问题的跳板，黑棋如何行棋次序非常重要。参考之前的问题，请问黑棋的手筋是什么？

问题 48

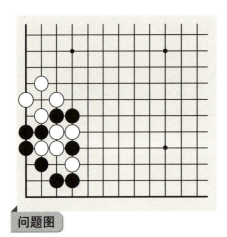

问题图

黑先。本问题是黑棋如何吃住白四子。如果对滚打和征吃有所了解，都能解答问题。那么请问黑棋应如何下？

问题 47 解说

图 1 正解

黑 1 扑是手筋，白 2 提子，黑 3 挤吃后，即可发现黑△一子的存在价值。

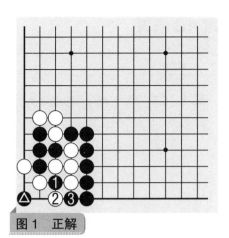

图 1 正解

图 2 正解继续

白 1 如果连接，黑 2、4 可以倒扑白棋。

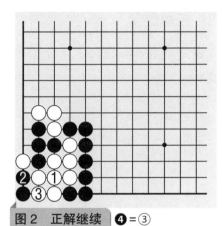

图 2 正解继续　❹ = ③

图 3 失败

黑 1 打吃，让白 2 连接后，黑棋没有收获。其后黑 A 时，白 B 应即可。

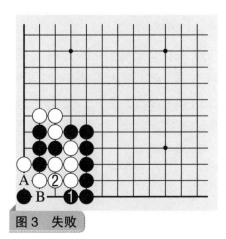

图 3 失败

问题 48 解说

图 1 正解

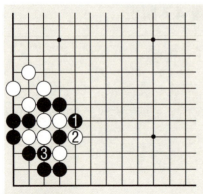

图 1 正解

黑 1 打吃是急所，白 2 必须提子，其后黑 3 可以再打。

图 2 正解继续

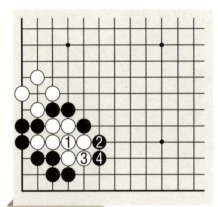

图 2 正解继续

白 1 连接时，黑 2、4 征子可以成立。

图 3 失败

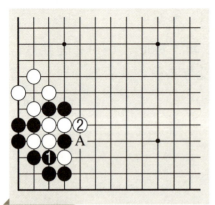

图 3 失败

黑 1 打吃，让白 2 长后，黑棋的所有努力都化为泡影。如果黑 1 时，白棋在 A 位提子，又将还原成图 2 的进行。

问题 49

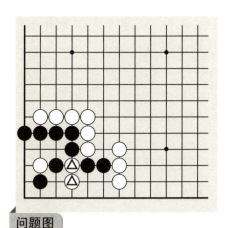

问题图

黑先。黑棋要活角并不困难，现在黑棋的目标是吃住白△二子。而黑棋成功的希望来自黑棋形的弹性。那么请问黑棋的手筋是什么？

问题 50

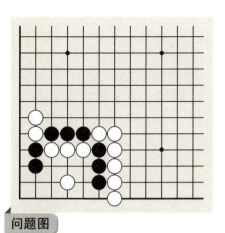

问题图

黑先。本题中黑棋的攻击目标当然是横插在黑棋中央的白三子。那么请问黑棋可以清除这一障碍的手筋是什么？

问题 49 解说

图 1　正解

黑1挡是手筋，如能一下子发现这一下法即可说明已具有相当的棋力。白2断打当然。

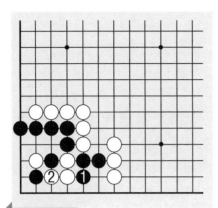

图 1　正解

图 2　正解继续

黑1、3滚打就充分利用了黑棋形的弹性，至黑5，黑棋成功。

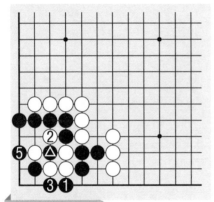

图 2　正解继续　④=▲

图 3　失败

棋感不好的人很可能下出黑1与白2交换，弃去黑棋二子。

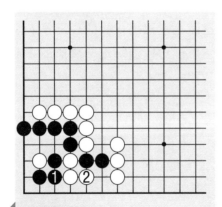

图 3　失败

问题 50 解说

图1 正解

黑1挖是手筋,由于有了这手棋,白△三子不可能逃脱。

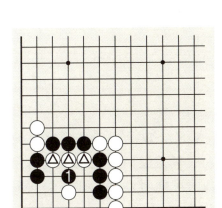

图1 正解

图2 正解继续

白1如果冲,黑2、4包打可以成立。其中白1若下在3位,黑4位打吃后,结果相同。

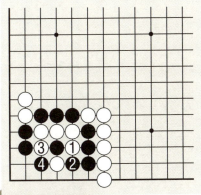

图2 正解继续

图3 失败

黑1与白2交换后,黑棋失败。白4后白棋在角上A位和B位中必居其一,黑棋不活。

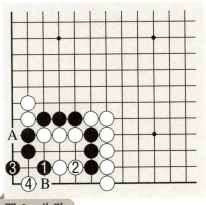

图3 失败

问题 51

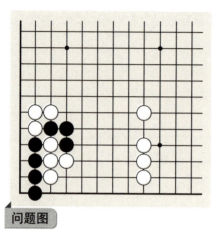

问题图

黑先。角上黑四子到底是死是活，只有通过判断这里黑棋有无手段，才可能看清楚。那么请问黑棋的手筋是什么？

问题 52

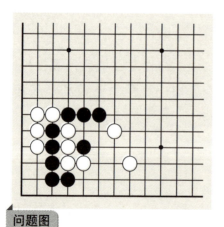

问题图

黑先。本题所表现出的急所，是只此一手。那么请问黑棋应如何下？

问题 51 解说

图 1 正解

黑 1 扳是一种感觉，也是黑棋的手筋。白 2 必须反扳，黑 3 以下至黑 7，黑棋的滚打可以成立。

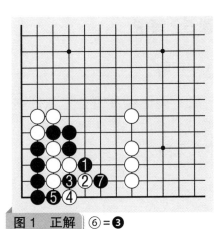

图 1 正解 ⑥=❸

图 2 失败 1

黑棋如果没有发现手筋，而下黑 1、3，白 2、4 应后，白棋可以和右边形成联络，角上黑棋自然死掉。

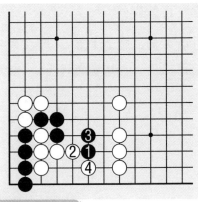

图 2 失败 1

图 3 失败 2

黑 1 扳虽然正确，但白 2 时，黑 3 却长，于是白 4 联络，黑棋仍未能及时抓住白棋的弱点。

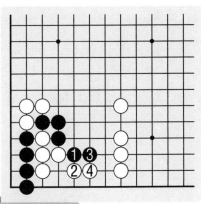

图 3 失败 2

问题52 解说

图1 正解

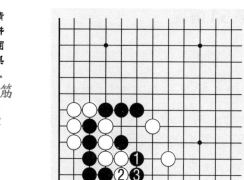

图1 正解

黑1扳是让白四子无法脱身的要点,白2时,黑3可以贴住,后续变化见图2。

图2 正解继续

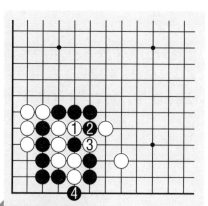

图2 正解继续

白1冲,黑2打吃,白3提子,黑4再打后,白棋已接不归。

图3 失败

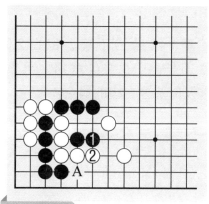

图3 失败

黑1如果长,被白2长后,黑棋失败。其中黑1如果在A位爬,白2后,结果仍是黑失败。

问题 53

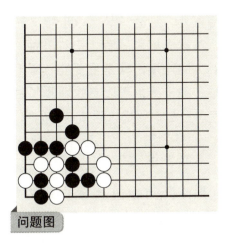

问题图

黑先。在对杀中，有"有眼杀无眼"的围棋格言。但仔细分析一下本图，情况却不尽然。那么请问本题黑棋的手筋是什么？

问题 54

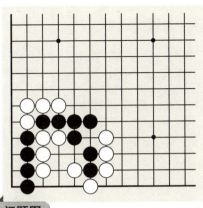

问题图

黑先。本问题是黑棋如何救活角上的黑子。攻击的首要目标当然是右侧的白四子。那么请问黑棋应从何处开始攻击？

问题 53 解说

图 1 正解

在围棋中，除了"有眼杀无眼"的格言外，还有"长气杀短眼"的格言，本题即取了后者。在对杀时，切断对方的连接是非常重要的。黑 1 断是唯一的一手，可以有效地收紧白棋的气。白 2 必须提，后续变化见图 2。

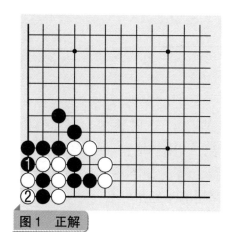

图 1 正解

图 2 正解继续

黑 1 扑可以直接紧白棋的气，至黑 3，黑棋成功。

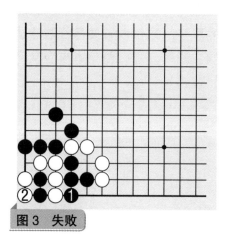

图 2 正解继续

图 3 失败

黑 1 从右侧打吃，白 2 提后，黑棋两口气，而白棋有三口气，黑棋短一气，黑棋失败。

问题 54 解说

图 1 正解

黑 1 挖是手筋，而接下来白棋在 A 位打吃不解决问题。

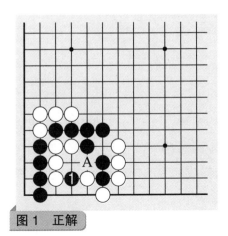

图 1 正解

图 2 正解继续

黑棋挖时，白 1 若打吃，黑棋有黑 2 打吃的手段，白棋由于不入气，无法在 A 位连。

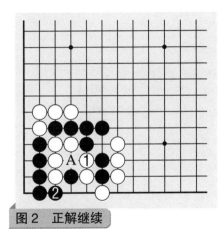

图 2 正解继续

图 3 变化

黑 1 时，有白 2 打吃的变化，黑 3、5 则可以滚打，现在就可以发现黑△一子的作用。

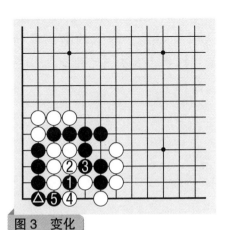

图 3 变化

问题 55

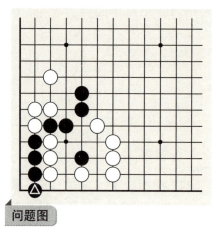

问题图

黑先。本题中黑棋的手筋照样可以发挥黑△子的作用，第一手棋将决定成败。那么请问黑棋的手筋是什么？

问题 56

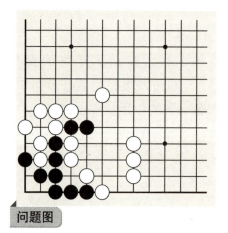

问题图

黑先。角上黑棋只有一只眼，要想活棋不可能，剩下的出路只有从外侧白棋身上想办法。那么请问黑棋手筋是什么？

问题 55 解说

图 1 正解

黑1挖是手筋，此后黑棋可以充分发挥黑▲子的作用。接下来若白A、黑B，则白C位已不入气。

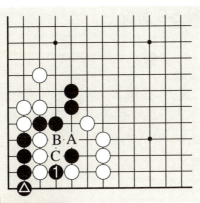

图 1 正解

图 2 正解继续

白1打吃时，黑2、3可以滚打。其中白1如果下在A位，黑棋下在2位或4位，白三子仍无法逃脱。

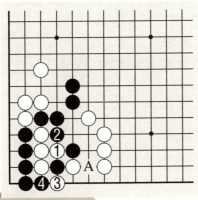

图 2 正解继续

图 3 失败

黑1在另一侧挖貌似手筋，实际上是错误的。白2连接后，白棋可以与右边联络，黑棋失败。

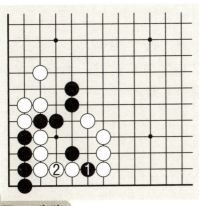

图 3 失败

问题56 解说

图1 正解

如果对棋形经过细心的观察，就可发现黑1嵌是不可错过的机会。有此一手，白△二子便没了活的希望。

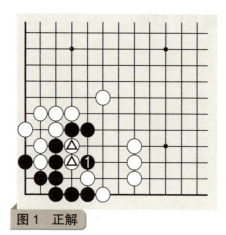

图1 正解

图2 正解继续

黑△时，白1如果出动，黑2以下至黑8，黑棋滚打包收的过程是必然的。

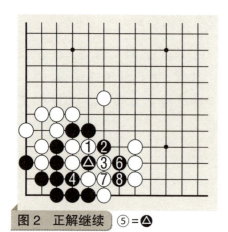

图2 正解继续　⑤=△

图3 变化

黑1时，白A应，黑B打吃；白C应，黑D打吃，由此可以看出手筋的威力。

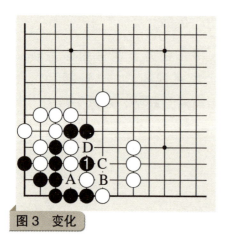

图3 变化

问题 57

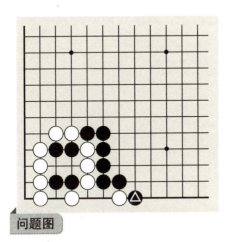

问题图

黑先。黑棋如果在本题中立即提子，则是俗手，肯定会惨遭失败。那么请问黑棋的手筋是什么？关键是如何发挥黑△子的作用。

问题 58

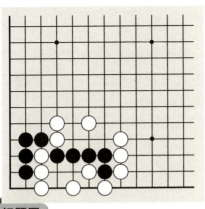

问题图

黑先。本题仍是考察大家的扑吃技术。那么请问黑棋应如何攻击从一路渡过的白棋？黑棋应注意，稍不留神就可能遭到白棋的强烈抵抗。

问题 57 解说

图 1　正解

黑 1 扑是手筋，与白 2 交换后，黑 3 打吃，黑棋可以吃白接不归。

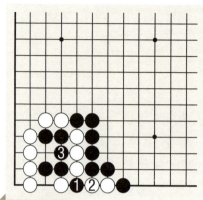

图 1　正解

图 2　失败 1

黑 1 先打吃不够机智，白 2 连接后，黑棋无法下在 A 位，黑棋反而被吃。

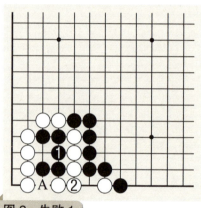

图 2　失败 1

图 3　失败 2

黑 1 切断，被白 2 冲后，黑棋失败。其原因是没有发挥黑▲子的作用。

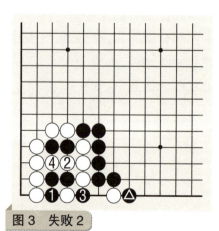

图 3　失败 2

问题 58 解说

图 1　正解

黑 1 扑是攻击白棋弱点的好棋，对围棋手筋了解的人决不会放过这样的机会。

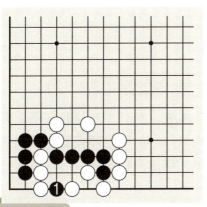

图 1　正解

图 2　正解继续

黑棋扑时，白 1 只能提子，此时黑 2、4 可以吃白接不归。

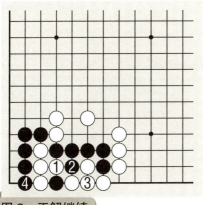

图 2　正解继续

图 3　打劫

黑 1 打吃，白 2 连接，结果双方下成打劫。

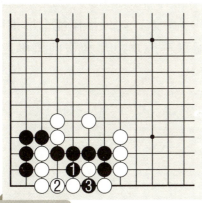

图 3　打劫

问题 59 ▶

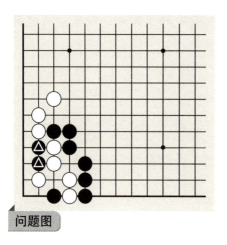

问题图

黑先。如何救出黑▲二子是黑棋面临的问题。那么请问黑棋解决这一问题的手筋是什么？

问题 60 ▶

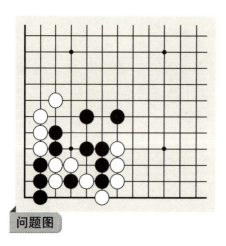

问题图

黑先。角上黑三子与右侧的白棋展开了对杀，如果黑棋能下出手筋，就能取得成功。那么请问黑棋应如何下？

问题 59 解说

图 1 正解

黑 1 扑是取得胜利的手筋，白 2 提子，后续变化见图 2。

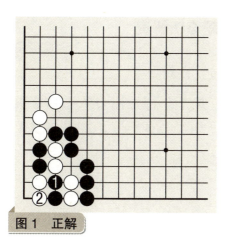

图 1 正解

图 2 正解继续

黑 1 再扑是妙手，白 2 提子，黑 3 可以打吃白二子。至此，黑棋终于救出二子。

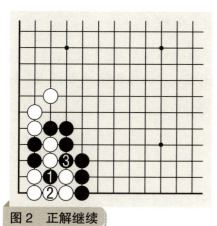

图 2 正解继续

图 3 失败

黑 1 打吃，白 2 连接后，白棋有眼杀无眼，角上黑二子不活。

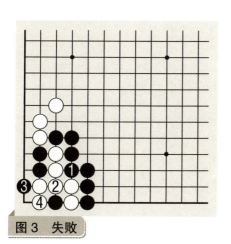

图 3 失败

问题60 解说

图1 正解

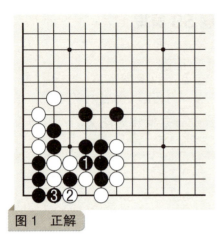

图1 正解

黑1断打是出发点,白2被迫提子时,黑3卡眼,结果白棋无法接回三子。

图2 失败1

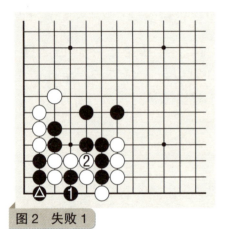

图2 失败1

黑1下立,白2补弱点后,黑棋失败。现在黑▲子已发挥不了作用。

图3 失败2

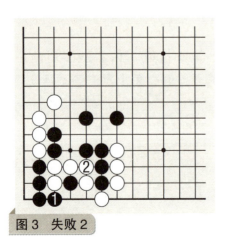

图3 失败2

黑1爬时,白2连接是急所,白棋可以成功联络。

下篇

问题61~问题123

问题 61

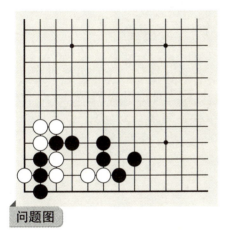

问题图

黑先。角上黑棋仅有三口气，而右侧的白棋看似气很长，但黑棋确有攻击白棋的好手段。那么请问黑棋的手筋是什么？

问题 62

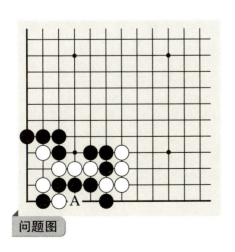

问题图

黑先。黑A如果提子，白棋则有抵抗的手段。那么请问黑棋应如何事先阻止白棋的抵抗，其手筋是什么？

问题 61 解说

图 1　正解

黑 1 挖是减少白气的手筋，其后不论白棋如何变化，都无法逃脱被吃的下场。

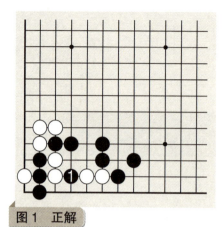

图 1　正解

图 2　正解继续

黑棋挖时，白 1 如果冲吃，黑 2、4 滚打则是准备好的手段，结果黑棋快一气胜。

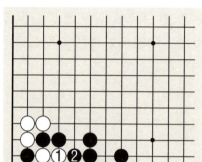

图 2　正解继续

图 3　失败

黑 1 单冲，白 2 接是好棋，黑棋失败。其中黑 1 时，白 A 如果挡，黑 2 位扑后，又还原成图 2 的进行。

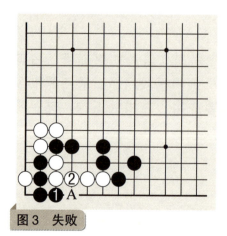

图 3　失败

问题62 解说

图1 正解

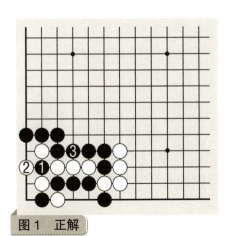

图1 正解

黑1扑是手筋,白2如果提子,黑3打吃,结果黑棋可以快一气吃住白棋。

图2 失败1

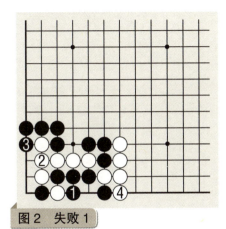

图2 失败1

黑1如果先提子,白2连接很好,至白4,双方下成打劫。

图3 失败2

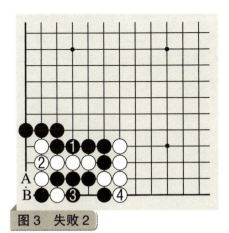

图3 失败2

黑1直接打吃,白2、4应后,双方又下成打劫。其中黑3如果下在A位扳,白B应后,双方仍是打劫。

问题 63

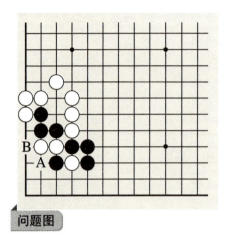

问题图

黑先。黑A如果打吃，白B下立后，黑棋三子被吃。那么请问现在黑棋的手筋是什么？

问题 64

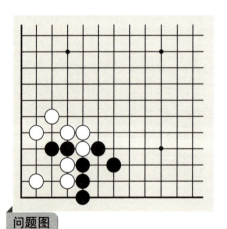

问题图

黑先。本题黑棋看起来已没什么棋，但实际上却存在巧妙的手段。那么请问黑棋成功救活左边二子的手筋是什么？

问题 63 解说

图 1　正解

黑 1 在一路打吃是起死回生的妙着，白 2 时，黑 3 滚打又是手筋。

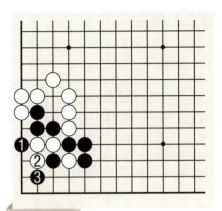

图 1　正解

图 2　正解继续

白 1 提子，黑 2、4 两打后，黑棋成功。黑 ▲ 一子在其过程中的作用非常重要。

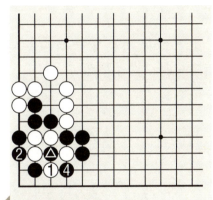

图 2　正解继续　③=▲

图 3　失败

黑 1 打吃是未能把握手筋的下法，白 2 下立后，黑棋在 A 位不入气，黑棋失败。

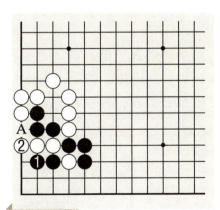

图 3　失败

问题 64 解说

图 1 正解

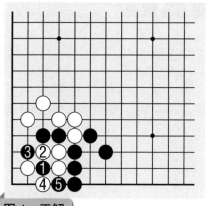

图 1 正解

黑1挖是对攻中的手筋，白2提子时，黑3、5可以实施滚打，黑棋成功。其中白2如果下在4位，黑棋下在2位，结果相同。

图 2 失败 1

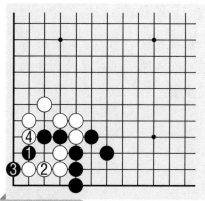

图 2 失败 1

黑1尖顶与白2交换是恶手，其后黑3时，白4挤即可。

图 3 失败 2

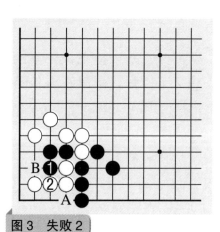

图 3 失败 2

黑1拐是大坏棋，白2连接后，黑棋失败。其中黑1如果下在A位，白2位或B位应，黑棋不行。

问题 65

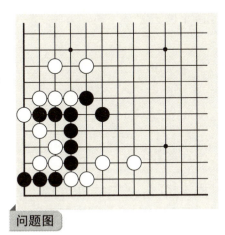

问题图

黑先。角上黑三子的死活取决于能否下出手筋。那么请问黑棋的手筋是什么?

问题 66

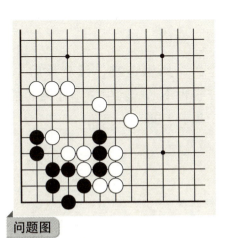

问题图

黑先。本问题是黑棋如何救回中间的黑三子。黑棋只有正确地下出第一步,以后的攻击才不成问题。那么请问黑棋的手筋是什么?

问题 65 解说

图 1 正解

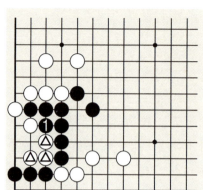

图 1 正解

黑1冷静地挤是妙着,白△三子已经接不回去了。

图 2 正解继续

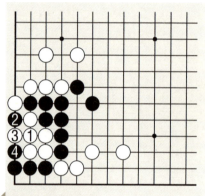

图 2 正解继续

黑棋挤时,白1如果连接,黑2扑后,黑子打吃,白棋接不归。

图 3 变化

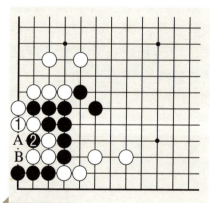

图 3 变化

白1如果连接,黑2扑后,白棋三子也不活。其中白1如果下在A位,黑B打即可。

问题 66 解说

图 1 正解

黑 1 嵌，封锁下方白三子是妙手。黑棋的这一下法虽看上去有点别扭，却很管用。

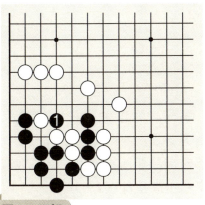

图 1 正解

图 2 正解继续

白 1 冲，黑 2 以下至黑 10，黑棋可以成功吃住白棋。

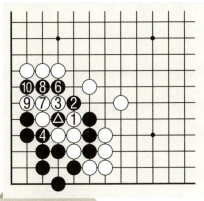

图 2 正解继续　⑤=▲

图 3 失败

黑 1 与白 2 交换，或者黑棋在 2 位与白棋在 1 位交换，再或者黑 A 与白 1 位交换，都是黑棋的失败下法。

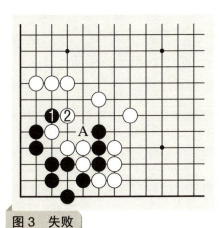

图 3 失败

问题 67

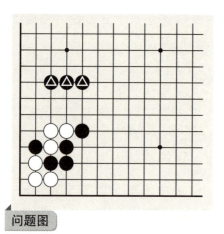

问题图

黑先。看似被白棋吃住的黑一子，是本题中黑棋手筋的发源地，当然前提是要有黑⊿三子。那么请问黑棋的手筋是什么？

问题 68

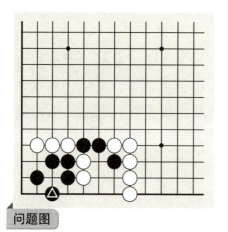

问题图

黑先。角上如果没有黑⊿一子，右侧白二子就可以渡过。那么请问在目前形势下，黑棋的手筋是什么？

问题 67 解说

图 1 正解

黑 1 长是唯一正确的，白 2 扳时，黑 3 断是准备好的后续手段。

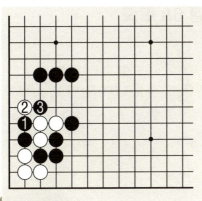

图 1 正解

图 2 正解继续

白 1 如果冲，黑 2、4 连打，可以吃住白棋。图中的黑 2 如果下在 3 位，白 A 应后，黑棋失败。

图 2 正解继续

图 3 失败

黑 1、白 2 时，黑 3 打吃是俗手，白 4 连接，结果黑棋有两口气，白棋却有三口气，黑棋失败。

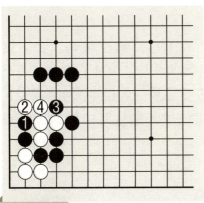

图 3 失败

问题 68 解说

图 1 正解

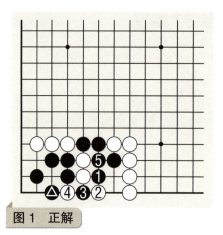

图 1 正解

黑 1 夹是攻击的急所，可有效地利用黑▲一子。白 2 时，黑 3 扑，至黑 5，黑棋可吃白接不归。

图 2 失败 1

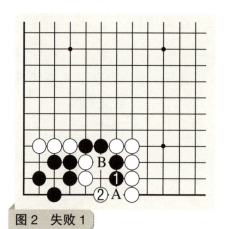

图 2 失败 1

黑 1 下立，白 2 尖过是妙手，其后黑 A 时，白 B 应，黑棋失败。

图 3 失败 2

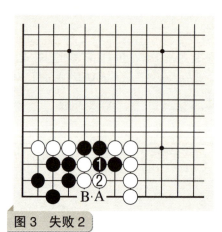

图 3 失败 2

黑 1 连接缺少策略，白 2 渡过后，黑棋失败。其中白 2 如果下在 A 位或 B 位也行。但本图中的白 2，将黑棋的气下紧，对中腹的黑子威胁更大。

问题 69

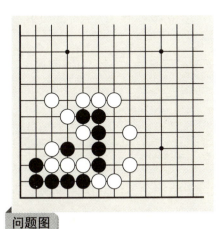

黑先。本题中间几个黑子虽被包围，但白棋在联络上也有弱点。那么请问黑棋的手筋是什么？

问题图

问题 70

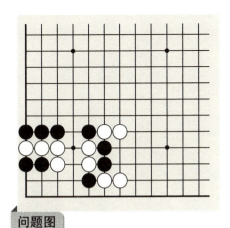

黑先。黑棋在本题中应首先确定攻击目标，那就是用双的方式连接在一起的白子。请问黑棋的手筋是什么？

问题图

问题 69 解说

图 1 正解

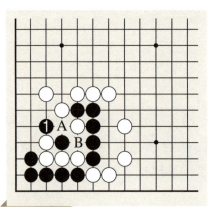

图 1 正解

黑 1 扳是手筋，黑棋以后在 A 位和 B 位中必居其一，可以吃住白棋四子。

图 2 变化

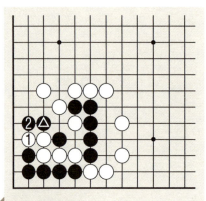

图 2 变化

黑时，白 1 如果下立，黑 2 则贴住，白棋仍无法逃生。

图 3 失败

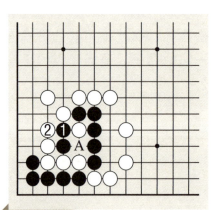

图 3 失败

黑 1 或黑 A 与白 2 交换是失败下法。

问题 70 解说

图 1 正解

黑 1 扳是攻击的急所，白 2 时，黑 3 可以打白棋接不归。其中白 2 下在 A 位，黑 B 应即可。

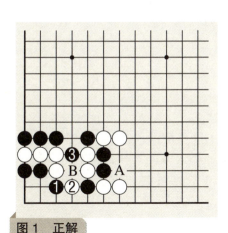

图 1 正解

图 2 变化

黑棋扳时，白 1 打吃角上黑二子，白棋的损失更大。

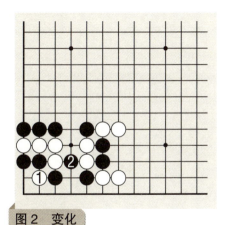

图 2 变化

图 3 失败

黑 1 直接打吃好像也能成立，但以下进行至黑 7，黑棋只能活角，其外侧的损失太大。

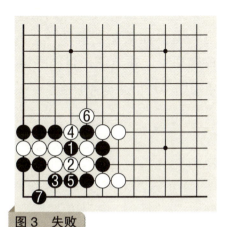

图 3 失败

问题 71

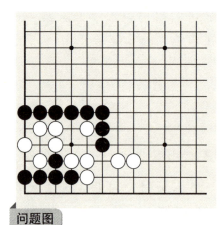

问题图

黑先。本题的内容属于连接与分断。那么请问黑棋应如何下？如果对围棋手筋有所了解，一眼即可发现正解。

问题 72

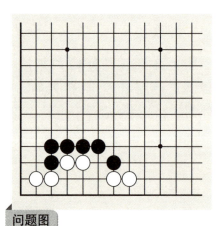

问题图

黑先。在二路渡过的白棋形存在缺陷。黑棋如果能正确攻击，可以把白棋切断，并迫使白棋后手做活。那么请问黑棋的手筋是什么？

问题71解说

图1 正解

白棋在联络上有毛病，而黑1断抓住了机会。

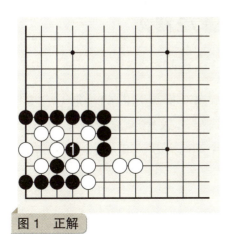

图1 正解

图2 失败1

黑棋如果受棋形迷惑，而做黑1或黑A与白2的交换，那么仅是1目官子。

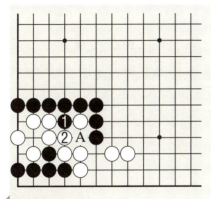

图2 失败1

图3 失败2

黑1打全然没有发现白棋形上的缺陷，结果黑棋失败。

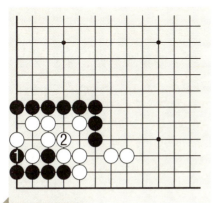

图3 失败2

问题 72 解说

图 1　正解

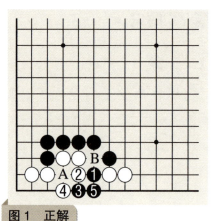

图1　正解

黑1扳是切断的手筋，白2时，黑3再次扳是准备好的手段。其中白4如果下在A位，黑B应即可。

图 2　变化

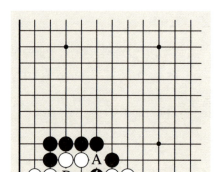

图2　变化

黑1时，白2如果跳下，黑3下立，其后白A时，黑B断打，白棋不行。

图 3　失败

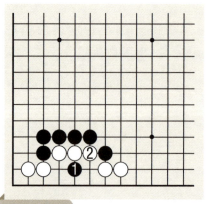

图3　失败

黑1夹并非急所，被白2顶后，黑棋白送一子。

问题 73

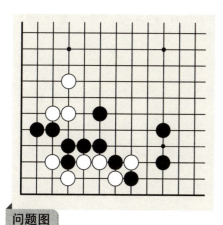

问题图

黑先。黑棋的下一手棋不仅仅表现在切断白棋上,而应最大限度地发挥其效果。那么请问黑棋应如何下?

问题 74

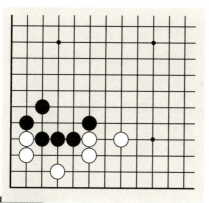

问题图

黑先。黑棋能否连续用手筋将白棋切断?在这一棋形中,黑棋选择的出发点有两处。那么请问黑棋应如何下?

问题 73 解说

图 1 正解

黑 1 断打是急所，这种由黑△连扳产生的棋形在实战中经常出现。

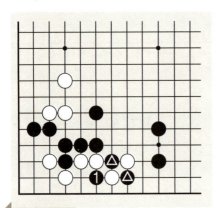

图 1 正解

图 2 正解继续

白 1 如果提子，黑 2 断并打吃白二子，接下来瞄着 A 位的断打，黑棋成功。

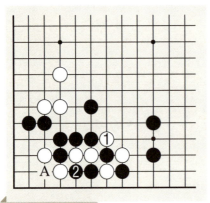

图 2 正解继续

图 3 失败

黑 1 断、黑 3 长成果太小，白 2 连接后，白棋可以活。其中黑 1 如果下在 A 位，白 2 连接后，黑棋不满。

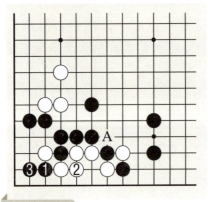

图 3 失败

问题74 解说

图1 正解

黑1跨，白2时，黑3夹是有名的手筋，角上白二子已不活。

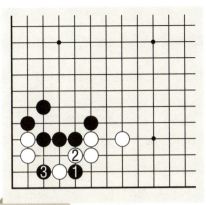

图1 正解

图2 正解继续

白1时，黑2断，黑棋大获成功。

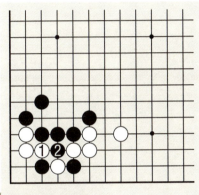

图2 正解继续

图3 参考

黑棋选择跨的方向应根据情况而定。黑1、3时，白4有变化的可能性。其中白2也有可能下在3位。

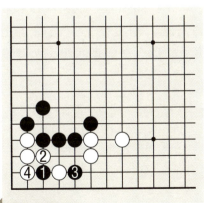

图3 参考

问题 75

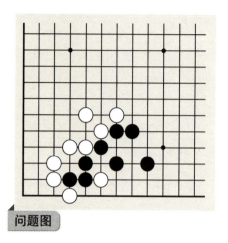

问题图

黑先。在本题中并非要求黑棋积极切断白棋,而是考察如何进行防守。这一棋形在官子阶段经常出现。请问黑棋应如何下?

问题 76

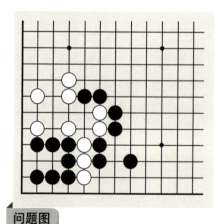

问题图

黑先。如果能一眼发现白棋形存在的问题,则说明你已具备了相当的棋力。那么请问本题黑棋的手筋是什么?

问题 75 解说

图 1　正解

黑 1 扳，可以同时防备白 A 的渡过和白 B 的断，是官子中的手筋。

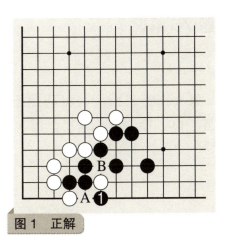

图 1　正解

图 2　失败 1

黑 1 如果挡，白 2、4 后，白棋可以吃住一块黑棋。

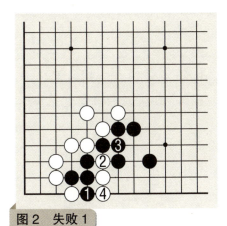

图 2　失败 1

图 3　失败 2

黑 1 挡，或者黑 A 连接，让白 2 渡过后，黑棋在目数上受损。与正解图相比，差别有 4 目之多。

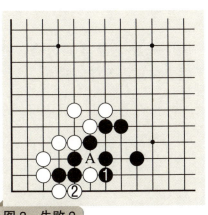

图 3　失败 2

问题 76 解说

图 1 正解

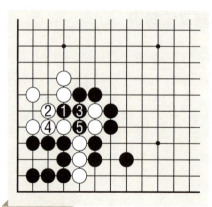

图 1 正解

黑 1 挖是正解，白棋因此无法联络。白 2 打、白 4 连接，黑 3、5 应后，白棋束手就擒。

图 2 失败 1

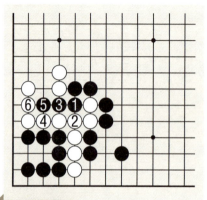

图 2 失败 1

黑 1 冲操之过急，白 2 只需连接，即可解消弱点，其后黑 3、5 连冲，白 4、6 应，白棋安全无事。

图 3 失败 2

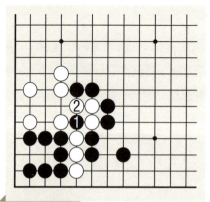

图 3 失败 2

黑 1 先扑是最坏的选择，白 2 提子后，白棋已无任何弱点。

问题 77

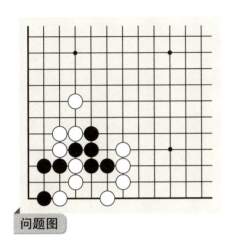

问题图

黑先。黑棋如果仅仅活角不能令人满意。黑棋应开阔眼界,充分考虑自己中腹的孤棋。那么请问黑棋的手筋是什么?

问题 78

问题图

黑先。本题可以说是对扑吃接不归这一技巧进行解说的一个基本素材,正确的答案只有一个。那么请问黑棋的手筋是什么?

问题 77 解说

图 1　正解

黑1是攻击白棋形弱点的手筋，白2以下至黑5，黑棋可以成功地吃白接不归。

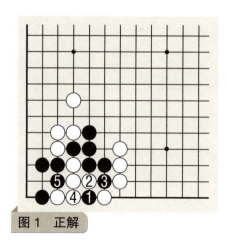

图 1　正解

图 2　变化

黑1时，白2在角上打，黑3、5应后，白棋角上的棋子没有好结果。

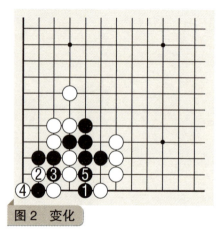

图 2　变化

图 3　失败

黑1打吃急于做活，白2连接后，黑棋战果很小，而且中腹黑子以后的命运令人担心。

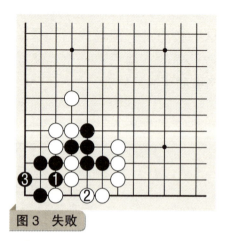

图 3　失败

问题78解说

图1 正解

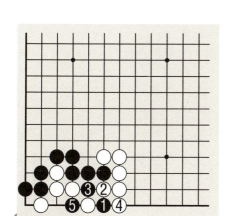

图1 正解

黑1跨是一种感觉,也是黑棋的手筋。白2时,黑3挤吃、5扑,黑棋可获成功。

图2 变化

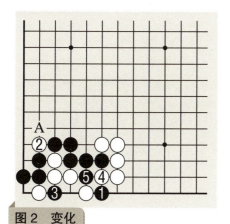

图2 变化

黑1时,白2断进行抵抗,此时黑3扑是后续手段,至黑5,仍可吃住白棋。其中黑3如果下在A位,白棋下在4位后,黑棋将无法成功。

图3 失败

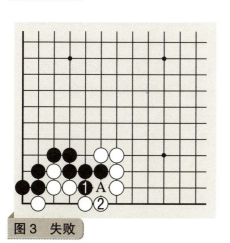

图3 失败

黑1或黑A与白2进行交换后,黑棋明显失败。

问题 79

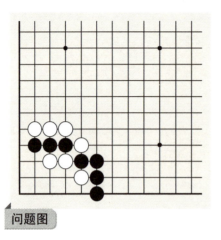

问题图

黑先。被白棋包围的黑三子能否生还是本题的焦点。那么请问黑棋的手筋是什么？其中黑棋的第二手棋是关键。

问题 80

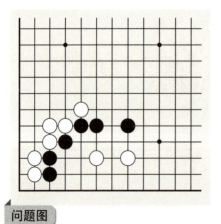

问题图

黑先。本题是考察大家的联络技巧。本题中的黑棋有多种联络方法，但如果留有弱点，以后会很困难。那么请问黑棋的联络手筋是什么？

问题 79 解说

图 1　正解

黑 1 拐头是正解，正因为这手棋，宣告黑棋已成为角的主人。

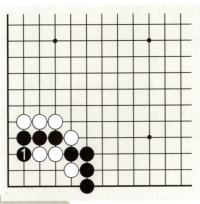

图 1　正解

图 2　正解继续

白 1 如果挡，黑 2、4、6 连打。可以成功地包打白棋。

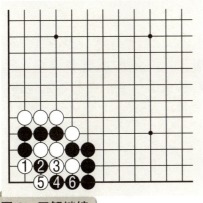

图 2　正解继续

图 3　变化

黑 1 时，白 2 如果退，黑 3、白 4 之后，黑 5 点，其后不论白棋如何变化，黑棋均快一气。

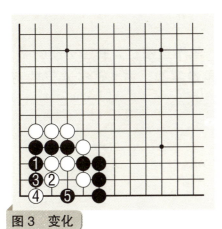

图 3　变化

问题80 解说

图1 正解

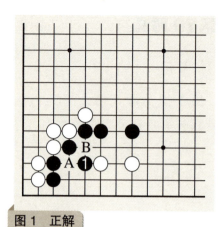
图1 正解

本题与联络的基本技术相关。黑1虎可以同时预防A位和B位的断点。

图2 失败1

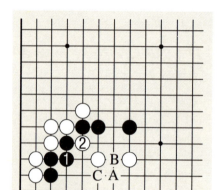
图2 失败1

黑1如果连接，白2可以断，黑棋失败。以后黑棋有黑A、白B、黑C的余味，我们在此不做论述。

图3 失败2

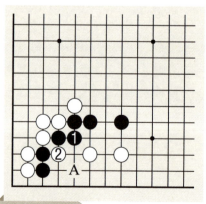
图3 失败2

黑1连接时，有白2断的手段。如果是实战，白2下在A位的可能性也很大。

问题 81

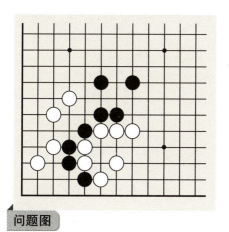

问题图

黑先。下方的黑三子有被切断的危机。那么请问黑棋处理危机的手筋是什么?

问题 82

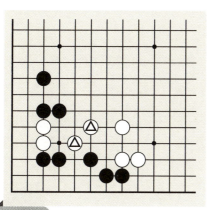

问题图

黑先。白△二子尖的棋形本身没有被切断的担心,但与之形成联系的其他部分却有可能有弱点。那么请问本题黑棋的攻击手筋是什么?

问题81解说

图1 正解

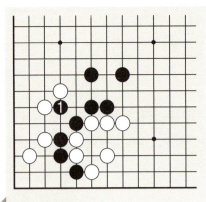

图1 正解

如能掌握联络的基本技术，黑1虎是毫不犹豫的下法，也是本题的正解。

图2 失败1

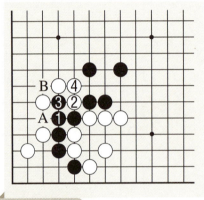

图2 失败1

黑1如果连接，白2断后，黑棋要出大问题。其后黑3打，以期利用A位和B位的断点，但由于黑棋气不够，故失败。

图3 失败2

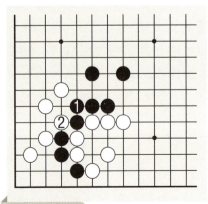

图3 失败2

黑1连接时，白2断，结果与图2大同小异。

问题 82 解说

图 1 　正解

黑 1 挤是切断的急所，其后黑棋可以瞄着 A 位和 B 位的两处断点。

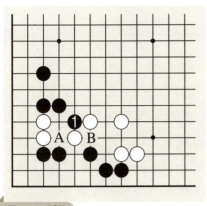

图 1　正解

图 2 　失败 1

黑 1 冲，让白 2 挡后，白棋可以和白△子形成联络。

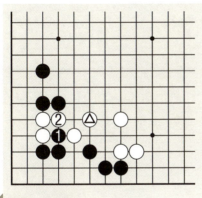

图 2　失败 1

图 3 　失败 2

黑 1 看似要点，但白 A 或白 B 补棋后，黑棋无法吃住左边的白二子。以后黑棋的发展在此不予讨论。

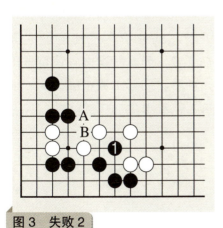

图 3　失败 2

问题 83

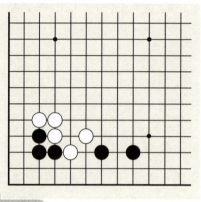

问题图

黑先。本题是考验大家在下边联络的基本技巧。黑棋如能越过当前的障碍，其后下起棋来将很容易。那么请问黑棋应如何下？

问题 84

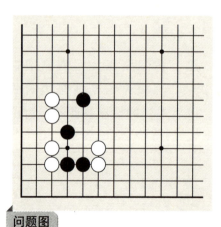

问题图

黑先。应该有棋子的地方如果没有下子，就会使人感到这个地方的棋有点虚。而本题黑棋应该有棋子的地方正是我们要求的正确答案。那么请问本题黑棋应如何联络？

问题83解说

图1 正解

黑1扳是联络的手筋,这是边上联络的基本技巧。

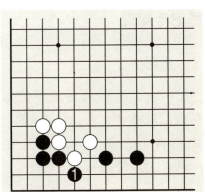

图1 正解

图2 正解继续

白1断,黑2打吃,其后黑4可以连接,黑棋没有任何毛病。其中黑4根据情况也有可能下在A位。

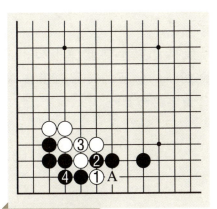

图2 正解继续

图3 参考

当白△子存在时,黑1时,白2、4可以做劫,这一点请大家格外注意。

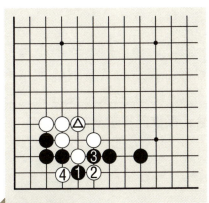

图3 参考

问题 84 解说

图 1 正解

黑 1 双，可以确保与下方二子的联络，黑棋在此永远不会被切断。例如白 A 时，黑 B 可以应；白 B 时，黑 A 可以应。

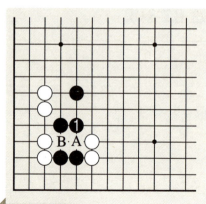

图 1 正解

图 2 参考

黑棋如果不在此位下棋，白 1 尖是切断的急所，其后白棋在 A 位或 B 位中必得其一。

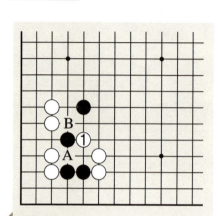

图 2 参考

图 3 坏形

黑 1 连接，棋子效率不高，棋形也坏。其后白 A 冲时，黑棋不好应。其中黑 1 如果下在 B 位，白 C 挤后，黑棋同样被断。

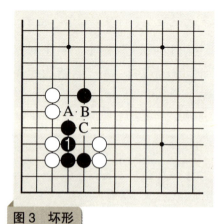

图 3 坏形

问题 85

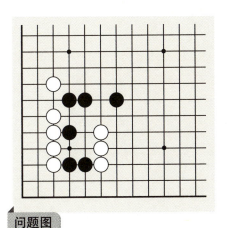

问题图

黑先。黑棋如何联络处于被分断危机中的下方黑三子？请问黑棋应如何下才永远不会被切断？

问题 86

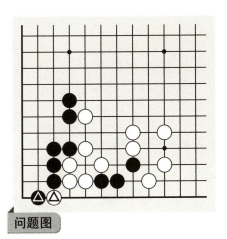

问题图

黑先。黑棋如何救出被包围的黑三子？黑棋在考虑问题时可以当成白△与黑▲交换后，白棋脱先。那么请问黑棋应如何下？

问题85解说

图1 正解

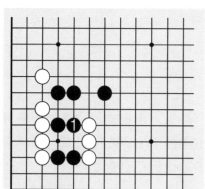

图1 正解

黑1双可以成功联络上下两块棋。

图2 失败

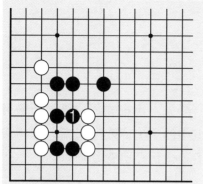

图2 失败

黑1连接时，白2冲，黑二子被分割。黑1如果下在2位，白棋则可在1位冲断。

图3 参考

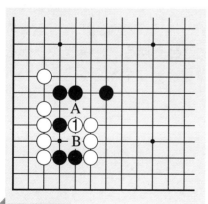

图3 参考

本题黑棋如果脱先，白1则占据黑棋双的位置来切断黑棋。黑1如果下在A位或B位，白下1位后，黑棋仍被切断。

问题86解说

图1 正解

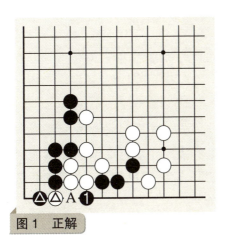

图1 正解

白△与黑△交换后，黑1扳是联络的手筋，白棋由于不入气，无法在A位切断黑棋。

图2 失败

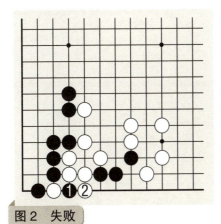

图2 失败

黑1提与白2进行交换，是根本没有发现手筋的错误下法。

图3 参考

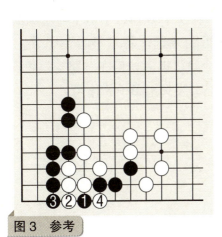

图3 参考

正解图中的白△与黑△如果没有交换，本图中的黑1、3只是官子手段，黑棋可以防止白棋在3位的先手扳。

问题 87

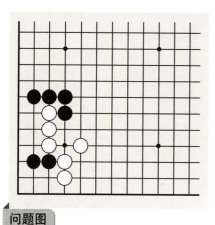

问题图

黑先。本题是考察大家能否救活角上的黑二子。那么请问黑棋能否使黑二子与大部队联络上？其手筋是什么？

问题 88

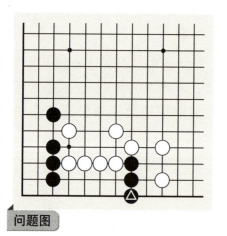

问题图

黑先。黑棋三子由于与左侧的黑棋相距太远，看来不容易救出。那么请问黑棋应如何在一路构筑桥梁？请充分发挥黑▲子的作用。

问题87 解说

图1 正解1

黑1尖是联络的要点，属于一路上的基本技巧。以后白A时，黑B应；白C时，黑D应。

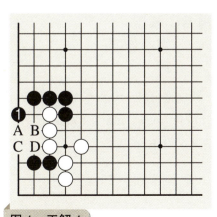

图1 正解1

图2 正解2

黑1尖，虽然棋形与正解图相似，但由于以后有白A断的劫材关系，因此还是选择正解图为好。

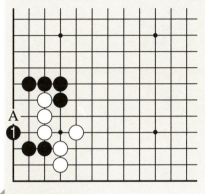

图2 正解2

图3 失败

黑1小飞时，白2、4可以切断黑棋。也可根据情况将白2与白4颠倒一下次序。本图白6后，黑A挡，白还有B位点的余味。

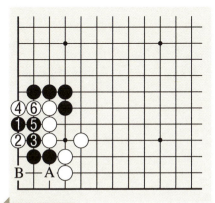

图3 失败

问题88 解说

图1 正解

黑1跳是联络的手筋，其后白A如果试图切断，黑B应即可。其中黑△子的作用引人注目。

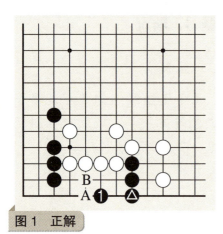

图1 正解

图2 失败1

黑1如果尖，白2则可以切断。

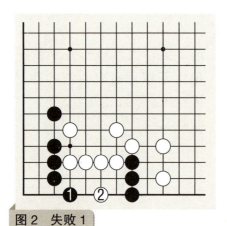

图2 失败1

图3 失败2

黑1如果飞，白2靠后，黑棋同样失败。以后黑A时，白B即可。

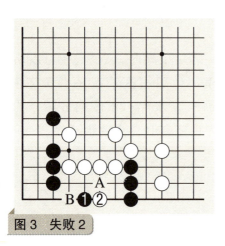

图3 失败2

问题 89

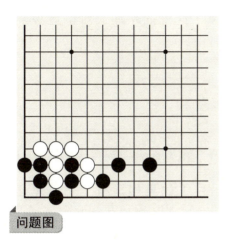

问题图

黑先。当对方打吃时，按常规思路自己必须无条件地接。黑棋如果在本题中坚持这一观念，则不可能左右联络。那么请问本题黑棋联络的手筋是什么？

问题 90

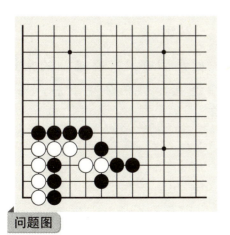

问题图

黑先。黑棋左右如果不能联络，角上白棋会活得挺大。而一旦黑棋成功联络，角上白棋则全死。那么请问黑棋联络的手筋是什么？

问题89 解说

图1 正解

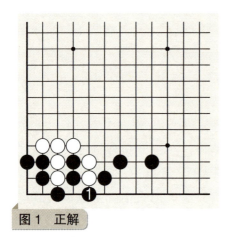
图1 正解

黑1渡过是手筋。熟练掌握类似黑1这样的手筋，对中盘战斗非常有用。

图2 正解继续

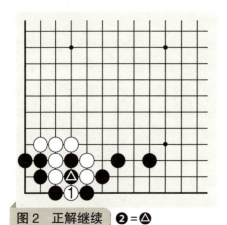
图2 正解继续　❷=▲

白1如果提黑棋二子，黑2可以打二还一，黑棋成功联络。

图3 失败

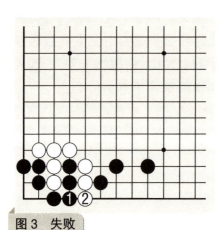
图3 失败

如果固守"打必接"的常规，黑1连接，被白2冲下后，黑角全死。

问题 90 解说

图 1 正解

黑1尖是正解，正因为黑棋的这手棋，黑三子可以与右边的黑棋成功联络。

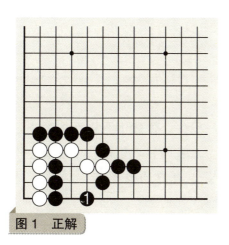

图 1 正解

图 2 正解继续

白1时，黑2连接非常重要。黑2如果下在A位或B位，其后白棋可以在2位扑，从而可吃黑接不归，对此应留意。

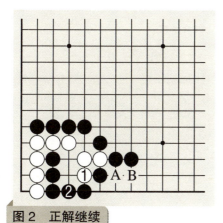

图 2 正解继续

图 3 失败

黑1操之过急，白2挖，至白4，黑棋因A位的断点已成接不归。

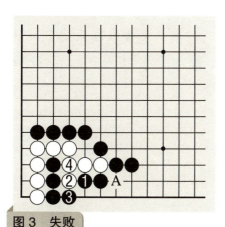

图 3 失败

问题91

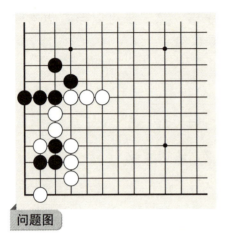

问题图

黑先。本题中黑棋可以救出三子的方法有两种。黑棋只要注意不下随手棋，失败的概率很小。那么请问黑棋应如何下？

问题92

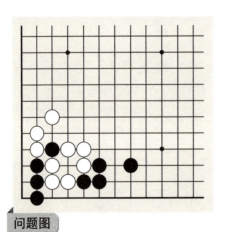

问题图

黑先。黑棋在本题中如不能轻松找到答案，则说明其未达到初级水平。那么请问黑棋联络三子的方法是什么？

问题91解说

图1 正解1

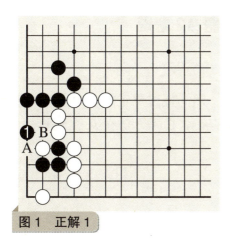

图1 正解1

黑1跳是正解，其后黑棋可以在A位和B位中居其一，从而成功联络。

图2 正解2

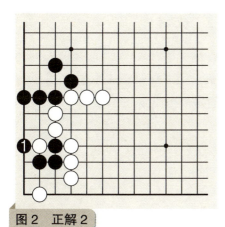

图2 正解2

黑1打吃，虽同样可以渡过，但与正解1相比仍有细小的区别，即白棋在此处的劫材比正解1多。

图3 失败

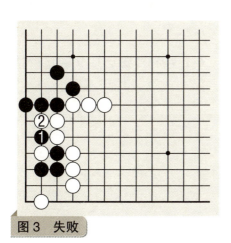

图3 失败

黑1如果打吃白棋一子，白2则反打，结果黑棋失败。

问题 92 解说

图 1 正解

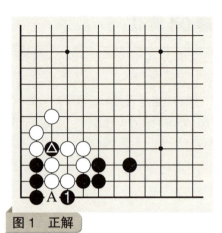

图1 正解

黑1扳过是正解,由于有黑△子的存在,白棋无法在A位下子。

图 2 失败

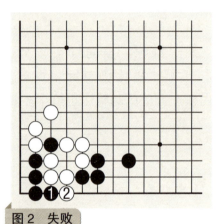

图2 失败

黑1与白2进行交换,则大势去矣。这种棋太过随手,是初学者很容易下出的。

图 3 参考

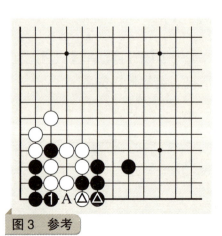

图3 参考

在白△和黑△已经交换过的情况下,黑1或黑A均可渡过。

问题 93

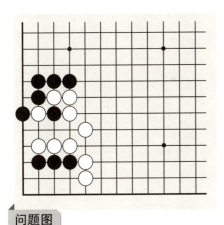

问题图

黑先。黑棋应不为眼前的小利所动，而把眼光放在救出角上黑子上。如果一味停留在打吃和提子上，将很难提高棋力。那么请问黑棋应如何下？

问题 94

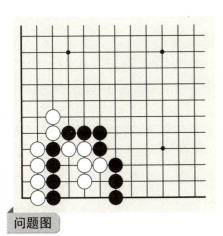

问题图

黑先。一看本题的棋形，很难认为是在实战中弈出的。黑棋应该一眼看出解决问题的下一手棋，其第一感觉非常重要。那么请问黑棋应如何下？

问题93 解说

图1 正解

黑1扳过,即可以简单救出黑三子。其后白A时,黑B应即可。

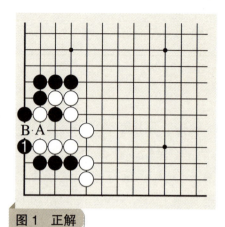

图1 正解

图2 失败

黑1如果急于提子,白2切断后,黑角不活。

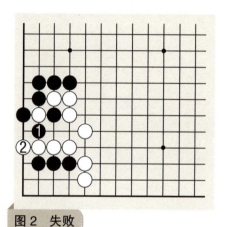

图2 失败

图3 参考

如果是本图,黑1扳过仅仅是官子手段,在此仅供大家参考。

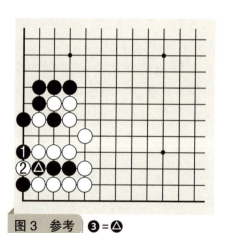

图3 参考 ❸=△

问题94 解说

图1 正解

黑棋利用一路的特性，黑1单跳联络，此后不论白棋如何下（白A则黑B；白C则黑D），都无法吃住黑棋。

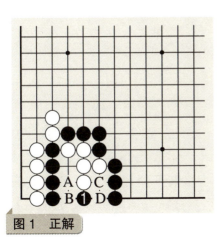

图1 正解

图2 失败1

黑1是想下成双活，但白2攻击后，至白4，黑棋短一气。

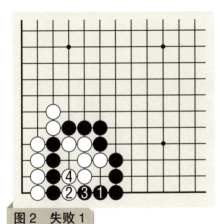

图2 失败1

图3 失败2

黑1与图2中的黑1结果大同小异，都是恶手。白2挡后，黑棋难免一死。

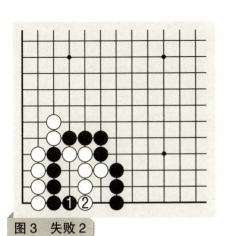

图3 失败2

问题 95

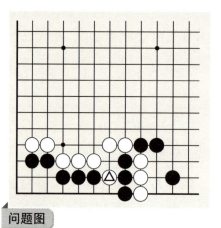

问题图

黑先。白△一子正阻碍黑棋间的联络，那么黑棋应如何渡过难关？黑棋如果下得不好，则会受到白棋的强烈抵抗。请问黑棋应如何下？

问题 96

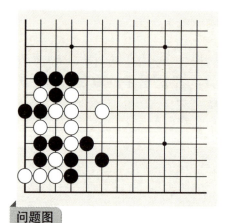

问题图

黑先。一看棋形，就可发现黑棋弄不好会面临危机，应该加倍小心。黑棋间的联络需要智慧。那么请问黑棋联络的手筋是什么？

问题95 解说

图1 正解

黑1下立是保持联络的手筋，可以补去A位的断点，使右侧三子平安无事。

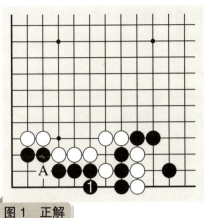

图2 失败

黑1如果立即渡过，白2扑是手筋，此时白△一子的作用十分明显。

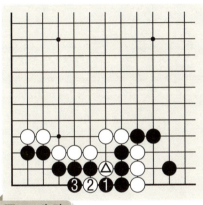

图3 失败继续

白4打吃，黑5连接时，白6断吃，结果黑棋全部被杀。而正解中的黑1正是可以阻止白棋这一手段的好棋。

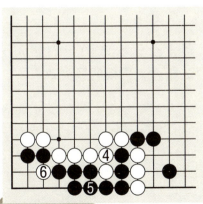

问题 96 解说

图 1　正解

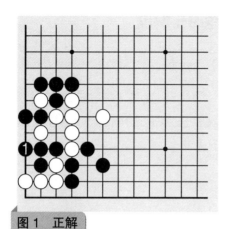

图 1　正解

黑 1 下立是保证联络的手筋，由此可以吃住角上白棋。

图 2　失败 1

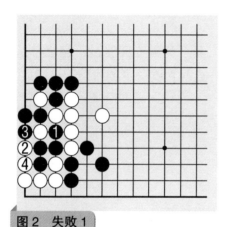

图 2　失败 1

黑 1 如果打吃白一子，白 2、4 后，白棋可以吃黑接不归。

图 3　失败 2

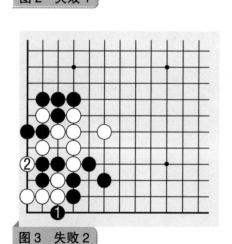

图 3　失败 2

黑 1 紧气，试图与白棋对杀，但白 2 扳后，黑棋明显失败。

问题 97

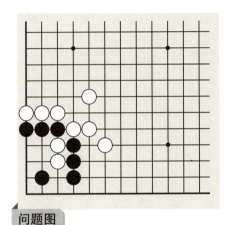

问题图

黑先。黑棋如能成功救回上方的三子,将自然而然地吃住白二子,从而黑角可以净活。那么请问黑棋的手筋是什么?

问题 98

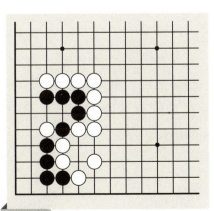

问题图

黑先。对局中弃小取大是始终不能忘记的。而本题的棋形则给黑棋提供了实施弃小取大战术的机会。那么请问黑棋应如何下?

问题 97 解说

图 1　正解

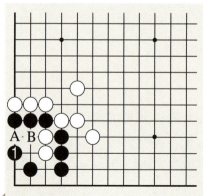

图1　正解

黑1单跳是手筋，其后白A时，黑B提子即可。一路单跳或一路尖很多时候都是妙手。

图 2　失败 1

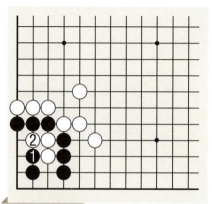

图2　失败1

黑1如果急于连接，白2打吃后，黑棋反而失败。

图 3　失败 2

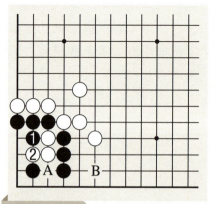

图3　失败2

黑1爬，被白2打后，黑棋失败。如果黑棋只想利用黑A的先手，以后在B位单跳做活，那也是一种很坏的选择。

问题98 解说

图1 正解

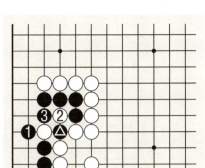

图1 正解

黑1从外侧反打，果断弃去一子，是具有大将风度的下法。白2提子时，黑3再打，结果黑棋很安全。

图2 变化

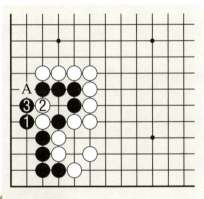

图2 变化

黑1时，白2如果长，黑3打吃后，黑棋可以倒扑白二子。根据左边的情况黑3也可下在A位。

图3 失败

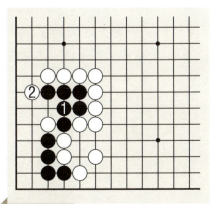

图3 失败

黑1连接是天大的错误，白2打吃后，黑棋全死。

问题 99

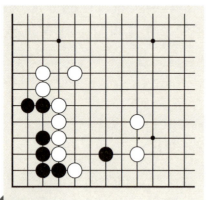

问题图

黑先。本题是考察黑棋如何下才能侵蚀右侧的白空。其中，处于白阵中的黑一子可以发挥重要的作用。那么请问黑棋应如何下？

问题 100

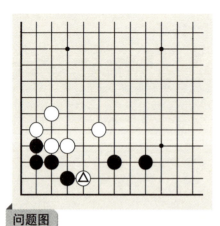

问题图

黑先。白△靠后，黑棋的棋形决定了黑阵已不可避免地受到侵消。那么请问黑棋目前最好的处理方法是什么？

问题 99 解说

图 1　正解

黑 1 夹是联络的手筋，其后白 2 时，黑 3 可以渡过。其中白 2 如果下在 3 位下立，黑棋可在 2 位切断。

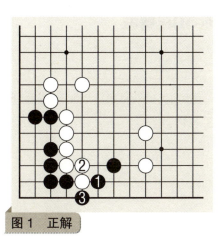

图 1　正解

图 2　失败 1

黑 1 断时，白 2 长，黑棋失败。其中白棋根据局面的需要，白 2 也可下在 A 位打吃。

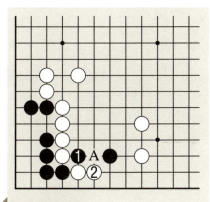

图 2　失败 1

图 3　失败 2

黑棋如果未能看出正解中的黑 1 手筋，而下成本图中的黑 1 扳，只不过是先手官子。

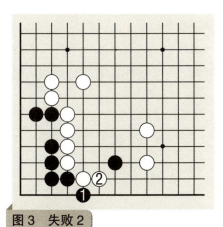

图 3　失败 2

问题100 解说

图1 正解

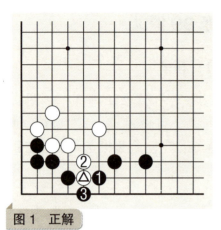

图1 正解

黑1夹是手筋,白2拉回时,黑3可以渡过。

图2 变化

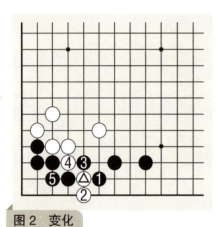

图2 变化

黑1时,白2下立试图切断黑棋,黑3断后,白棋不行。其后白4断时,黑5补即可。

图3 失败

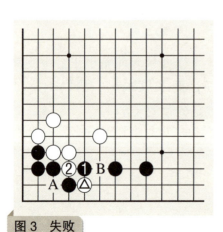

图3 失败

黑1扳无理,白2断,其后白棋可在A位或B位中居其一,黑棋失败。

问题 101 ▶▶

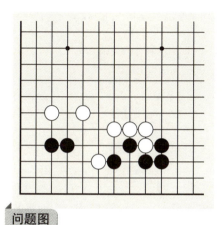

问题图

黑先。黑棋在本题中如果用强，则很难解决问题。那么请问黑棋如何轻巧地使左右保持联络？其手筋是什么？

问题 102 ▶▶

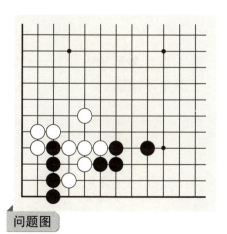

问题图

黑先。左侧黑四子与右侧黑棋联络的手段是什么？本题是考察大家一路下立后的手筋，这也是边上联络技术的必修课。那么请问黑棋应如何下？

问题101解说

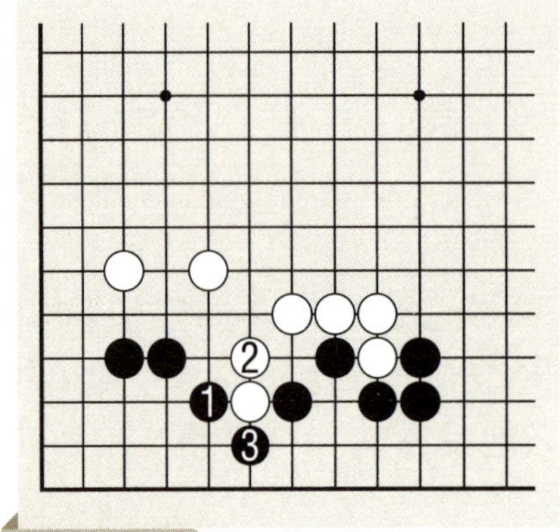

图1 正解

黑1夹是保持联络的要点，其后白2时，黑3可以渡过。

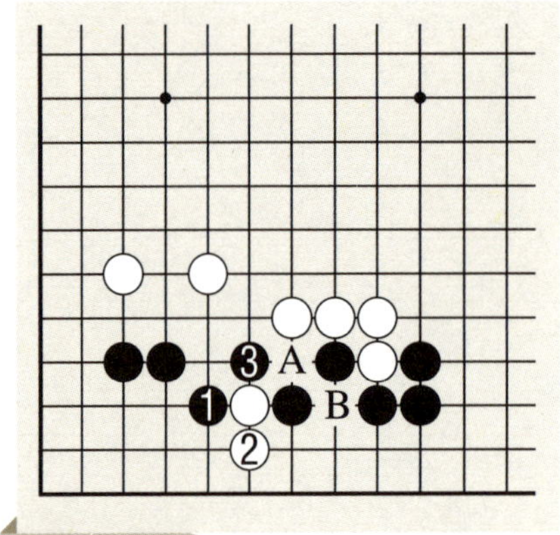

图2 变化

黑1时，白2下立，黑3扳后，白棋不行。白A与黑B交换黑棋无碍。

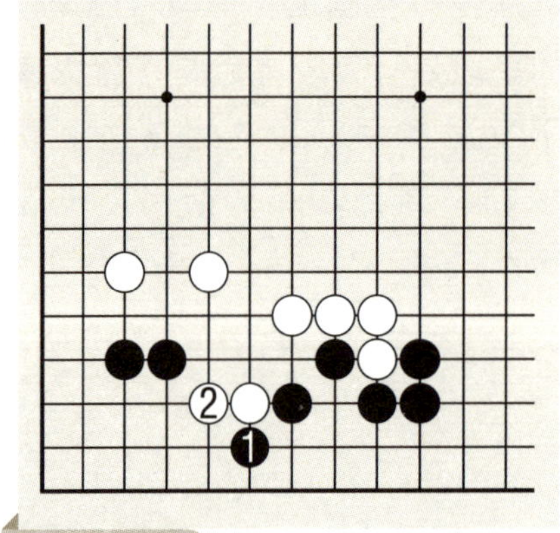

图3 失败

黑1扳是典型的失败下法，白2长后，黑角地破损。

问题 102 解说

图 1 正解

黑 1 夹过是联络的手筋，也是边上联络的基本技巧。白 2 时，黑 3 则可以渡过。

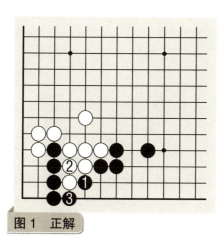
图 1 正解

图 2 变化

黑△夹时，白 1 打吃对解决问题没有帮助，黑 2 连接后，黑棋在 A 位或 B 位中必居其一。

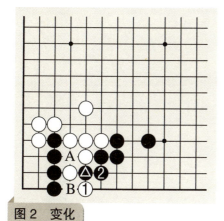
图 2 变化

图 3 失败

黑 1 下立是没有看出正解中黑 1 手筋的下法，白 2 后，黑棋失败。

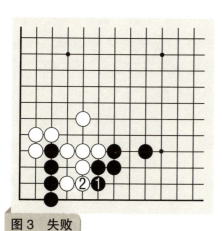
图 3 失败

问题 103

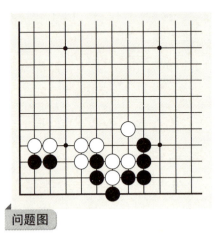

问题图

黑先。黑角上二子如何与右边黑棋联络是个大问题。黑棋如果认为用强不行，不妨回过头来采取温和的下法。那么请问黑棋的手筋是什么？

问题 104

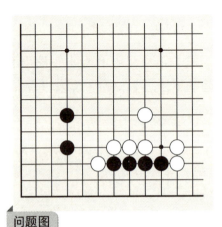

问题图

黑先。黑棋如果单单做活边上的黑四子，应该说非常简单，现在要求黑棋采用更有效的方法。那么请问黑棋应如何下？

问题 103 解说

图 1　正解

黑 1 跳过是联络的手筋，白 2 冲时，黑 3 渡即可。

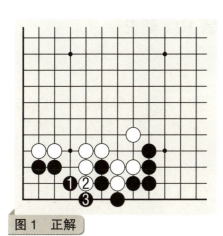

图 1　正解

图 2　正解继续

白 1 提子，黑 2 可以打二还一，黑棋可以联络。

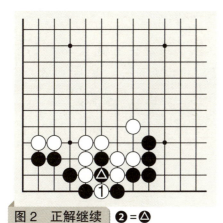

图 2　正解继续　❷ = ▲

图 3　失败

黑 1 拐头，被白 2 扳后，由于以后黑 A 时白可 B 位打吃，黑棋联络失败。

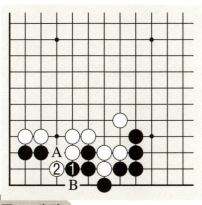

图 3　失败

问题104 解说

图1 正解

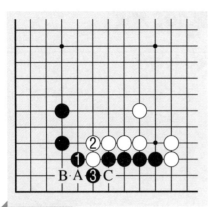

图1 正解

黑1夹是正确的下法，白2时，黑3渡过。以后白A时，黑B应；白C时，黑A应即可。

图2 变化

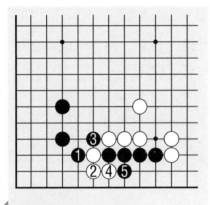

图2 变化

黑1时，白2如果下立，黑3断后，白棋不行。其后白4拐头，黑5挡，白棋的气不够。

图3 失败

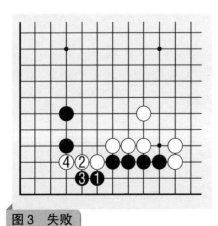

图3 失败

黑1扳时，被白2、4长后，与正解相比，黑棋的角地受到很大损伤。

问题 105

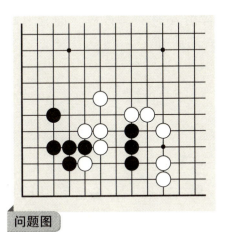

问题图

黑先。本题同样是考察大家联络技巧的问题。请问黑棋联络的手筋是什么？

问题 106

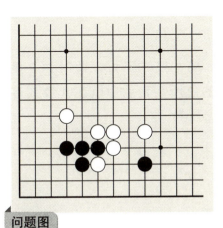

问题图

黑先。右侧黑一子不仅与左侧黑棋相距较远，而且中间还有白一子阻碍。那么请问黑棋联络的手筋是什么？

问题 105 解说

图1 正解

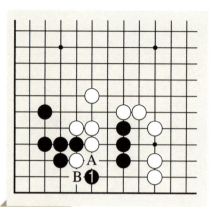

图1 正解

黑1飞是联络的常用手筋，以后若白A时，黑B应；而白B时，黑A断即可。

图2 失败1

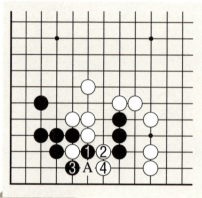

图2 失败1

黑1打吃时，白2可以反打，至白4，右边黑三子被吃。其中黑3如果下在A位，白仍下4位，黑也不行。

图3 失败2

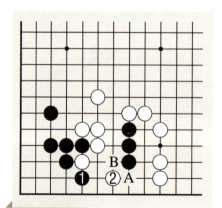

图3 失败2

黑1打吃不好，此时白2是切断的急所，其后白棋在A位或B位中必居其一。

问题 106 解说

图 1 正解

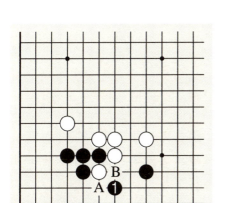

图 1 正解

黑 1 飞是正解，也是黑棋联络的手筋。其后黑棋可在 A 位或 B 位中居其一，从而左右联络。

图 2 失败 1

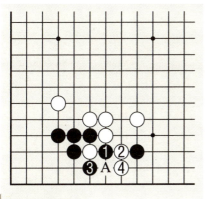

图 2 失败 1

黑 1 如果打吃，白 2 则反打，至白 4，黑棋因小失大。其中黑 3 如果下在 A 位，白 4 挡下是先手，黑棋更加不好。

图 3 失败 2

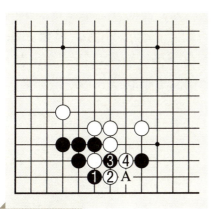

图 3 失败 2

黑 1 从下方打吃时，白 2、4 可以进行抵抗，其后黑棋虽可在 A 位做劫，但黑棋负担很大。

问题 107

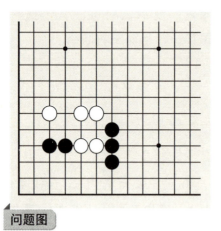

问题图

黑先。如果有联络的手筋，左右黑棋将可连为一体。那么请问黑棋应怎样下？

问题 108

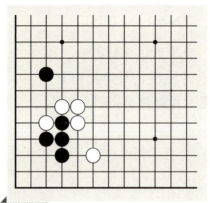

问题图

黑先。本题同样是考察黑棋联络的问题。不过应注意，黑棋如果急于吃白一子，结果反而会适得其反。那么请问黑棋联络的手筋是什么？

问题 107 解说

图 1 正解

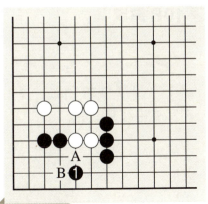

图 1 正解

黑 1 飞是手筋，熟悉棋形者一眼即可看出。其后白 A 时，黑 B 可以退。

图 2 失败 1

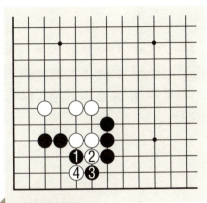

图 2 失败 1

黑 1 扳过，白 2 冲，黑 3 时，白 4 断打，结果黑棋无法联络。

图 3 失败 2

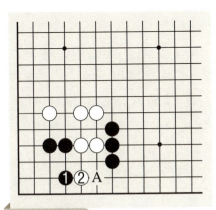

图 3 失败 2

黑 1 跳，白 2 同样跳下，白棋可以切断黑棋。其中黑 1 如果下在 A 位，白也下 2 位，结果相同。

问题 108 解说

图 1　正解

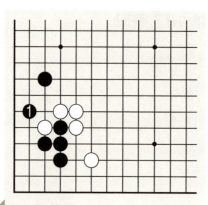
图 1　正解

黑 1 飞是联络的手筋，黑 1 的下法在实战中经常出现。

图 2　失败 1

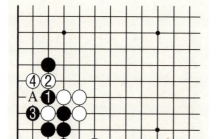
图 2　失败 1

黑 1 打吃是典型的俗手，白 2 反打后，黑棋必须忍受被分断的痛苦。与黑棋直接在 A 位渡过相比，差别很大。

图 3　失败 2

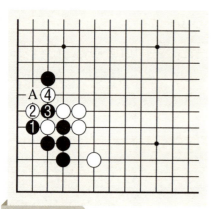
图 3　失败 2

黑 1 打吃，虽比图 2 略好，但白 2、4 后，黑棋已无法无条件联络。其后黑 A 开劫，黑棋的负担很大。

问题 109

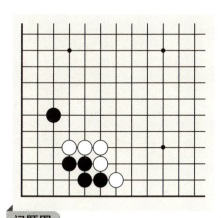

问题图

黑先。本题仍然是考察黑棋联络的问题。那么请问黑棋应如何选择？其联络的手筋是什么？

问题 110

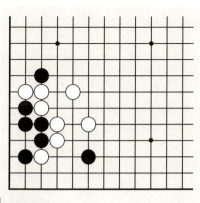

问题图

黑先。黑棋如何下才能将右侧的黑子联络上？其联络的手筋是什么？如果对棋形较熟，应一眼发现正确答案。

问题109 解说

图1 正解

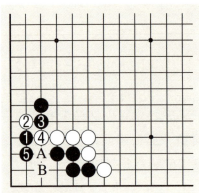
图1 正解

黑1飞是正解。白2、4试图切断,至黑5,黑棋可以联络。其中白2如果下在A位,黑B扳即可。

图2 失败1

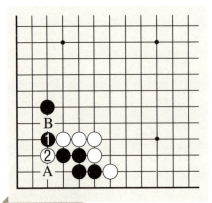
图2 失败1

黑1直接扳时,白2立即断,黑棋困难。其后白棋可在A位下立,或在B位打吃,二者必得其一。

图3 失败2

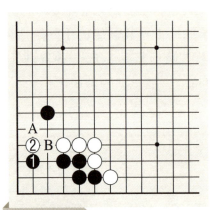
图3 失败2

黑1单跳,白2同样可以跳,黑棋失败。其中黑1如果下在A位,白B应后,黑也不行。

问题 110 解说

图 1　正解

黑 1 飞是联络的手筋。其后白 A 时，黑 B 断即可；白 B 时，黑 A 可渡过。

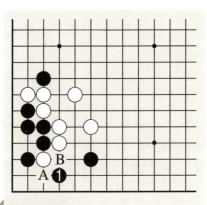

图 1　正解

图 2　失败 1

黑 1 打，吃以下至白 4，黑棋虽可吃掉白一子，但右侧黑一子却被白棋分断，黑棋损失很大。

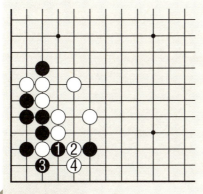

图 2　失败 1

图 3　失败 2

黑 1 从下方打吃，并非本手，白 2、4 进行抵抗后，黑棋远不如正解好。

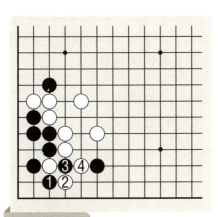

图 3　失败 2

问题 111

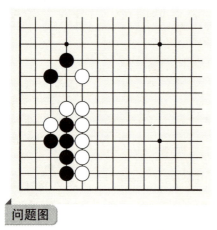

问题图

黑先。本题的棋形与以前出现的棋形相似，同样是考察黑棋如何联络。那么请问黑棋联络的手筋是什么？

问题 112

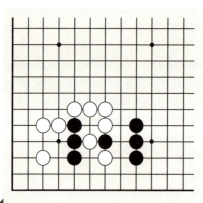

问题图

黑先。黑棋救出左侧三子的手筋是什么？事实上在本题中，利用第一感觉去解答大概更好。

问题 111 解说

图 1　正解

黑 1 飞是应该一眼就发现的手筋。其后白 A 时，黑 B 可以断；而白 B 时，黑 A 挡即可。

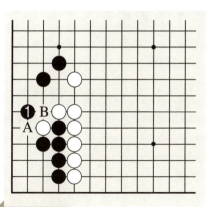

图 1　正解

图 2　失败 1

黑 1 打吃，被白 2 反打后，至白 4，黑棋免不了被切断的命运。而黑棋却不能在 A 位断。

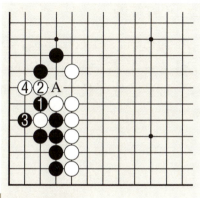

图 2　失败 1

图 3　失败 2

黑 1 打吃，虽然比图 2 略好，但白 2、4 切断后，黑棋结果不如正解。

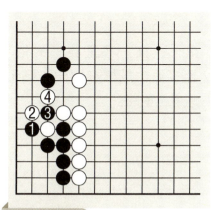

图 3　失败 2

问题 112 解说

图 1　正解

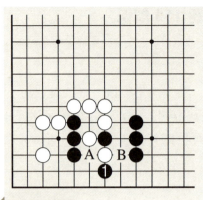

图 1　正解

黑 1 托是凭感觉下出的棋，以后可以随时在 A 位或 B 位打吃白棋，结果黑棋可以联络。

图 2　正解继续

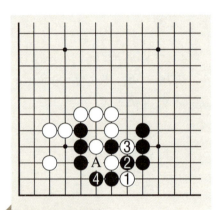

图 2　正解继续

黑棋托时，白 1 假如扳，黑 2 打吃是先手，其后黑 4 可以联络。而白 1 如果下在 4 位，黑 A 可同样利用先手。

图 3　失败

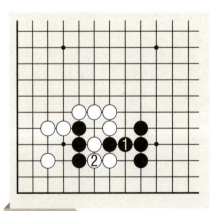

图 3　失败

黑 1 连接一子是典型的俗手，白 2 连接后，黑棋左侧三子已无法与右侧黑棋联络。

问题 113

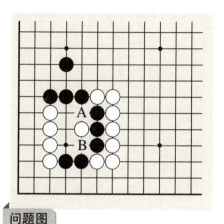

问题图

黑先。黑棋如果要救活下方二子，必须同时补去A位和B位两处断点。那么请问黑棋的手筋是什么？

问题 114

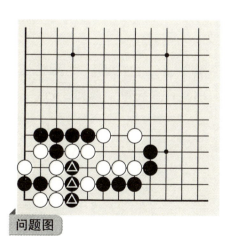

问题图

黑先。黑▲三子如果能活出，角上白棋将自动死亡。那么请问黑棋联络的手筋是什么？

问题113 解说

图1 正解

黑1挖利用弃子,是黑棋的手筋。白2时,黑3、5可以巧妙联络。

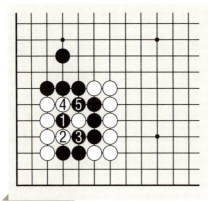

图1 正解

图2 变化

黑1时,白2如果试图切断,黑3后,与正解大同小异。在类似的棋形中,大家一定要牢记黑1挖是同时防备两处断点的手筋。

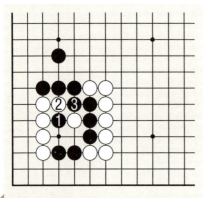

图2 变化

图3 失败

黑1接,白2断。如黑在2位接,白则在1位断。黑棋不行。

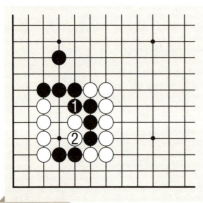

图3 失败

问题 114 解说

图 1 正解

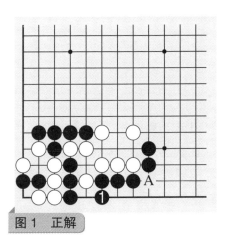

图 1 正解

黑 1 下立，是充分考虑 A 位断点的正解，由此可以利用白棋的不入气，成功联络左侧三子，从而可以自动吃住角上白棋。

图 2 失败

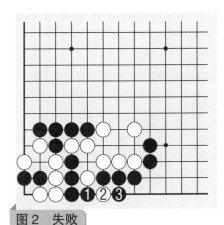

图 2 失败

黑 1 立即拉回，白 2 扑是妙手，黑 3 提子后，其进行见图 3。

图 3 失败继续

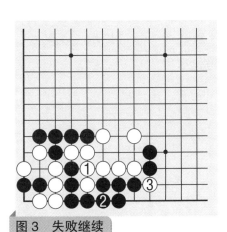

图 3 失败继续

其后白 1 打吃，黑 2 连接时，白 3 可断吃。由此可见正解中黑 1 的巧妙作用。

问题 115

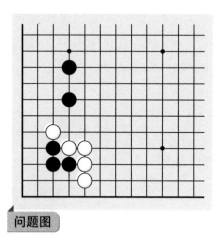

问题图

黑先。黑棋对下一手棋有各种选择。在这里,黑棋不仅要活角,还要寻求更有效的手段。那么请问黑棋手筋是什么?

问题 116

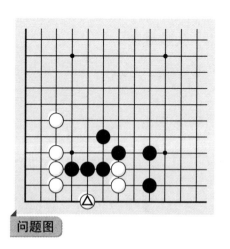

问题图

黑先。白△飞试图渡过,白棋能安全联络吗?请问黑棋正确的攻击方法是什么?

问题 115 解说

图 1　正解

黑1夹是正解，也是联络的手筋。白2连接时，黑3可安全渡过。

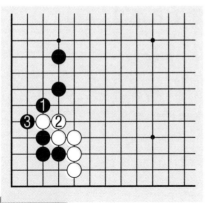

图 1　正解

图 2　变化

黑1时，白2如果下立，黑3断即可。其后白A时，黑B应，白棋不行。

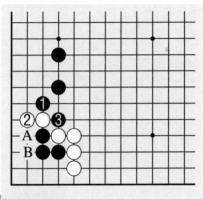

图 2　变化

图 3　失败

黑1扳是实战中不时出现的俗手，白2长后，左边的黑空大受损伤。其中黑1如果下在A位，白B打吃即可。

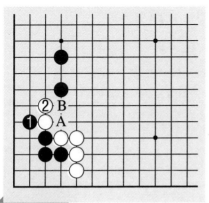

图 3　失败

问题 116 解说

图 1　正解 1

黑1跨是正解，其后白2时，黑3再跨是分断白棋的手筋。

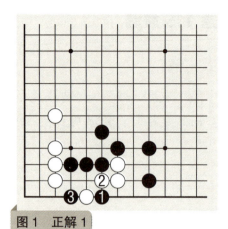

图1　正解1

图 2　变化

黑1跨时，白2如果补，以下至黑5告一段落，黑棋可以切断白棋。

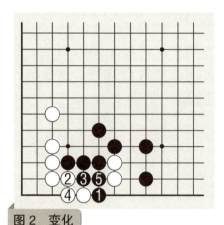

图2　变化

图 3　正解 2

黑1跨，白2时，黑3、5虽可成功切断白棋，但与图2相比，双方有2目的官子差别。

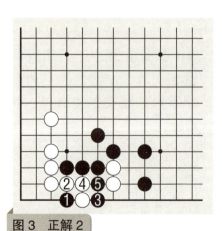

图3　正解2

问题 117

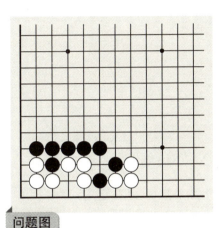

问题图

黑先。白棋的棋形处于联络不佳的状态。那么请问黑棋如何下才能成功切断白棋，并迫使角上白棋后手做活？

问题 118

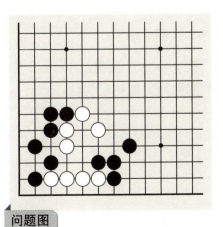

问题图

黑先。黑棋如果能及时抓住战机，将可取得很大的战果。那么请问黑棋应如何攻击白棋的弱点？

问题 117 解说

图 1　正解

黑 1 扳是手筋，白棋因此无法联络。

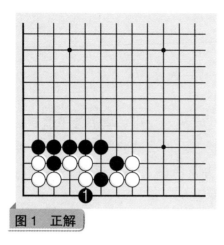
图 1　正解

图 2　正解继续

白 1 挡，黑 2 连接，白棋由于不入气，无法在 A 位断。

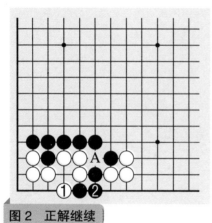
图 2　正解继续

图 3　失败

黑 1 与白 2 交换，或黑 2 位与白 1 位交换，黑棋都失败。

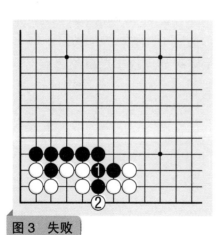
图 3　失败

问题 118 解说

图 1 正解

黑 1 尖，伺机在 A 位或 B 位切断白棋，正由于这手棋的作用，白四子无法连回。

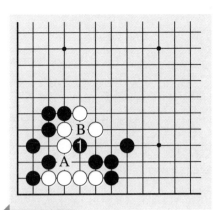

图 1 正解

图 2 失败

黑 1 先与白 2 交换是恶手，其后黑 3 时，白 4 切断，黑棋失败。

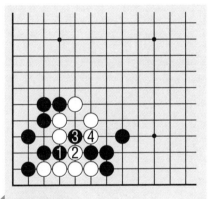

图 2 失败

图 3 参考

如果有白△子存在，黑 1 尖不成立，白 2 时，黑 A 若断，白 B 可双打吃。

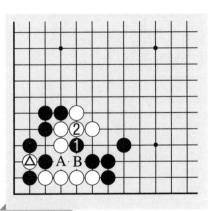

图 3 参考

问题 119

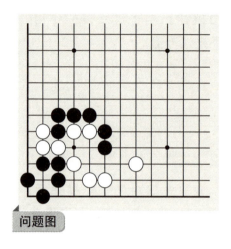

问题图

黑先。分割黑棋的白子间存在严重的缺陷。那么请问黑棋应如何攻击白棋的弱点？

问题 120

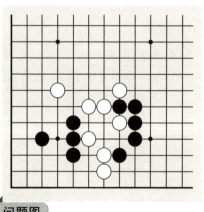

问题图

黑先。黑棋应不受棋形的迷惑，抓住稍纵即逝的战机。那么请问黑棋切断白棋的手筋是什么？

问题 119 解说

图 1 正解

黑 1 挤是切断白棋的急所，其后白 2 时，黑 3 可以断。

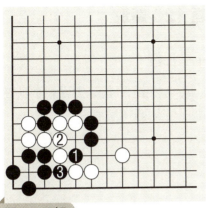

图 1 正解

图 2 变化

黑▲挤后白 1 时，黑 2 可以倒扑，亦可切断白棋。

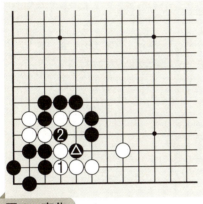

图 2 变化

图 3 失败

黑 1 时，白 2 连接，黑棋失败。这是初学者极易下出的随手棋。

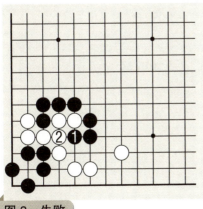

图 3 失败

问题 120 解说

图 1 正解

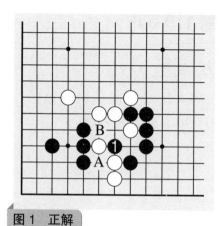

图 1 正解

黑 1 挤是手筋，以后可以在 A 位或 B 位切断下方白子。

图 2 失败 1

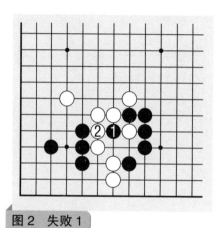

图 2 失败 1

黑 1 与白 2 交换，如非初学者绝不会选择这样的下法。

图 3 失败 2

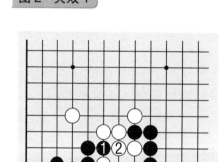

图 3 失败 2

黑 1 冲，与图 2 结果相同，白棋可以成功联络。

问题 121

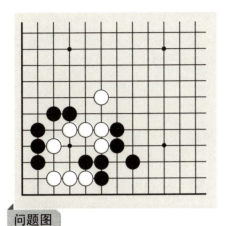

问题图

黑先。黑棋如能掌握前题的解决方法,即可轻松解答本题。那么请问攻击白棋的手筋是什么?

问题 122

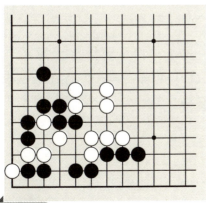

问题图

黑先。黑棋如果下法正确,战果很大;如果下法不对,将一无所获。那么请问黑棋应如何下?

问题 121 解说

图 1　正解

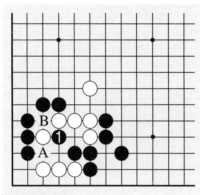

图 1　正解

黑 1 挤是正解，其后黑棋可以在 A 位或 B 位切断白棋。如能一下子就发现这一下法，则可说明已具有相当的棋力。

图 2　失败 1

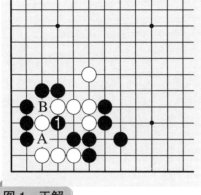

图 2　失败 1

黑 1 与白 2 进行交换，就太令人可惜了！黑棋是在帮白棋补棋。

图 3　失败 2

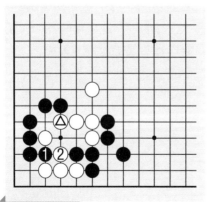

图 3　失败 2

黑 1 与白 2 交换是大恶手，黑棋失败。由于白△子的存在，白棋可以联络。

问题 122 解说

图 1 正解

黑 1 挤是手筋，其后黑棋可以在 A 位或 B 位切断白棋，白棋角上数子已无法连回。

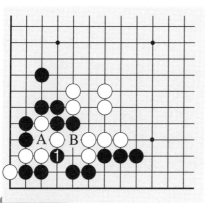

图 1 正解

图 2 失败 1

黑 1 冲，白 2 挡后，黑棋失败。左侧白△一子此时可以发挥重要的作用。

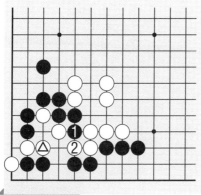

图 2 失败 1

图 3 失败 2

黑棋如果没有发现切断白棋的手筋，而下黑 1 与白 2 交换，则黑棋比图 2 的结果更坏。

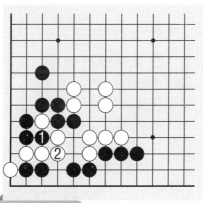

图 3 失败 2

问题 123

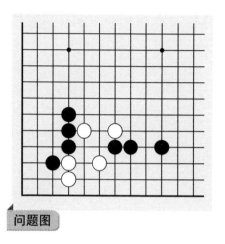

问题图

黑先。黑棋此时可以用强,从而达到将白棋切断的目的。那么请问黑棋的手筋是什么?

问题 123 解说

图 1 正解

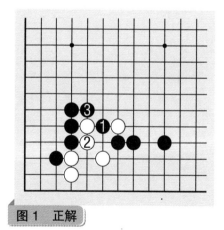

图 1 正解

黑 1 挖是唯一的选择,由此可以封锁下方白棋。其后白 2 时,黑 3 挡即可。

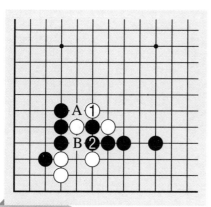

图 2 　变化

图 2　变化

黑棋挖时，白 1 如果从上方打吃，黑 2 可以连接，其后黑棋在 A 位或 B 位中必居其一。故白棋应保留白 1 的打，径自在下方做活。

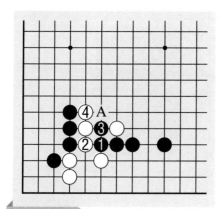

图 3 　失败

图 3　失败

黑 1 冲与白 2 交换是恶手，其后黑 3 时，白棋不在 A 位挡，而于白 4 冲出，结果黑棋失败。由此可见行棋次序的重要性。

曹薰铉、李昌镐精讲围棋系列

第一辑

精讲围棋官子.官子计算
精讲围棋官子.官子手筋
精讲围棋官子.官子次序

第二辑

精讲围棋棋形.定式常型
精讲围棋棋形.棋形急所
精讲围棋棋形.手筋常型

第三辑

精讲围棋布局.布局基础
精讲围棋布局.布局技巧
精讲围棋布局.布局实战1
精讲围棋布局.布局实战2
精讲围棋布局.布局实战3

第四辑

精讲围棋定式.星定式
精讲围棋定式.小目定式
精讲围棋定式.目外高目三三定式
精讲围棋定式.定式选择
精讲围棋定式.定式活用

第五辑

精讲围棋对局技巧.基本技巧
精讲围棋对局技巧.接触战
精讲围棋对局技巧.实战对攻

第六辑

精讲围棋中盘技巧.打入与侵消
精讲围棋中盘技巧.攻击
精讲围棋中盘技巧.试应手

第七辑

精讲围棋手筋.1
精讲围棋手筋.2
精讲围棋手筋.3
精讲围棋手筋.4
精讲围棋手筋.5
精讲围棋手筋.6

第八辑

精讲围棋死活.1
精讲围棋死活.2
精讲围棋死活.3
精讲围棋死活.4
精讲围棋死活.5
精讲围棋死活.6